华章经管
HZBOOKS | Economics Finance Business & Management

华章经典 · 金融投资

价值投资的
五大关键

THE 5 KEYS TO VALUE INVESTING

[美] J. 丹尼斯·让-雅克 著　冯嘉琦 译

J. DENNIS JEAN-JACQUES

机械工业出版社

China Machine Press

图书在版编目（CIP）数据

价值投资的五大关键 /（美）丹尼斯·让‐雅克（Dennis Jean-Jacques）著；冯嘉琦译 . ‐‐ 北京：机械工业出版社，2021.7

（华章经典·金融投资）

书名原文：The 5 Keys to Value Investing

ISBN 978-7-111-68534-0

I. ①价⋯ II. ①丹⋯ ②冯⋯ III. ①股票投资 IV. ① F830.91

中国版本图书馆 CIP 数据核字（2021）第 146621 号

本书版权登记号：图字 01-2012-7794

价值投资的五大关键

出版发行：机械工业出版社（北京市西城区百万庄大街 22 号　邮政编码：100037）

责任编辑：顾　煦　　　　　　　　　　　　　责任校对：马荣敏

印　　刷：北京文昌阁彩色印刷有限责任公司　版　　次：2021 年 8 月第 1 版第 1 次印刷

开　　本：170mm×230mm　1/16　　　　　　印　　张：19

书　　号：ISBN 978-7-111-68534-0　　　　　定　　价：80.00 元

客服电话：（010）88361066　88379833　68326294　　　投稿热线：（010）88379007

华章网站：www.hzbook.com　　　　　　　　　　　读者信箱：hzjg@hzbook.com

版权所有·侵权必究

封底无防伪标均为盗版

本书法律顾问：北京大成律师事务所　韩光/邹晓东

献给我的妻子布里吉特·麦克费登（Bridgette McFadden）与我的两个女儿，感谢她们每天给我的支持。

献给我的父母丹尼斯（Denis）和玛丽·让－雅克（Marie Jean-Jacques），是他们激励自己的孩子去选择属于自己的道路。

献给在"9·11"事件中遇难的无辜者与英雄们。

致 谢

　　很幸运我能与世界上顶尖的投资者们共事，也很荣幸我能有机会与富达以及互惠指引基金的同僚们一起工作。在这些人身上，我充分看到作为成功投资者所应具备的基本条件：承诺、聚焦与热情。感谢来自专业投资圈的所有前同事与现在的朋友，你们知道自己的职责所在。同时，我也要谢谢我的妻子布里吉特，在写作本书的过程中她给予了我极大支持，还有我的两个女儿，TAJ 和 CRJ，感谢她们能容忍爸爸在周末长时间地写作。这里特别要感谢我 5 个月大的小女儿，在这段时间里的大多数晚上睡得总是很安稳。感谢斯蒂芬·伊萨克斯（Stephen Issacs）和他在麦格劳 – 希尔的同事，是他们将这本书变成了现实。最后特别感谢玛拉·A. 托马斯（Myra A. Thomas）对本书的支持。

J. 丹尼斯·让 – 雅克（J. Dennis Jean-Jacques）

作为一名基金经理，我代表投资者购买企业的一小份股份，然后以更高的价格将它们卖给他人。我从来不"管理"投资组合。我是一个投资者。比起拥有 80 只股票，我宁愿只拥有 8 家公司的股份。同时最重要的是，跑赢标准普尔 500 指数或者道琼斯工业平均指数并不是本书的首要目的，本书的主旨在于如何获得出色且持续的投资表现。不管市场整体表现如何，我只是在一定风险水平下，寻求长期而且令自己满意的收益。而实现合理投资表现的关键在于：以实际价值的折价买入某一公司。这样的思路对有些人来说似乎很奇怪，但这在价值投资圈里却非常普遍。

价值投资是价格与价值间的精妙平衡。你支付特定价格，希望以此获得一定的价值。在过去的几年间，购买股票的成本变得无足轻重，而作为买进股票所带来的"价值"却被过度高估，而且这些估值是基于"眼球"关注度这类非传统的方式。只要股价能一路攀升，其他什么似乎都不重要。可世界在发生改变，20 世纪 90 年代的大牛市已经结束，以高价购入，再以更高价格卖出的投资策略也不再盛行。人们开始理性行事。如今价格已变得非常重要，而价值则比以往更为至关重要。

VI

早年经历

作为富达资产管理与研究公司的一名分析师，我每年要拜访30家左右的公司，会晤我所拜访的每家公司的主管与高管成员。我的主要时间都花在向这些人提问与分析他们的回答上。拜访企业通常还包括参观制造设施与门店，同时还要调查企业的供应商、核心客户，乃至其竞争者。有人把这类尽职调查称为"踢轮胎"，而在富达，人们希望我们能卸下轮胎，仔细清点轮胎上的纹路。

于是我终于明白了，并决定以此行事：我们现在所投资的并不是股票，而是每家公司的实际组成部分——公司理念、产品以及拥有特定商业目标的管理风格。每只股票所代表的是一位CEO，他们将会创造或破坏股东价值。

个人投资者优势所在

没有什么比亲自观摩一家公司最有价值的资产和会见其决策者更重要的了。而这恰恰是专业资金管理者的优势所在，特别是对富达、富兰克林·邓普顿以及杰纳斯这些资金充裕的共同基金来说，它们在这方面的优势要远胜于个人投资者。

然而个人投资者并不需要想方设法地拜会上市公司要员，亲自视察公司设备或者参加华尔街的分析师会议。对于个人投资者来说，有三大要素可以帮助他们更有效率地把握投资机会。这三大要素包括：

1. 技术、媒体以及互联网传播
2. 公平信息披露法规
3. 企业更加透明的会计制度

家用技术拉近了企业管理团队与投资者的距离。在今天，个人投资者几乎可以在企业向美国证券交易委员会提交文件的同时就能获取这些文件。通过每季度致股东的电子邮件、网上分析师收益视频会议，以及详细分类的财经网站，个人投资者可以获取与专业投资者等量的信息。这直接造成投资行业性质的转变，这个行业的竞争规则开始从信息拥有量的竞争转向分析现有信息能力的竞争。

此外，通过 CNBC、彭博电视新闻以及 CNN 财经这些广受欢迎的电视节目，投资者可以了解管理者的性格。电视媒体将观众带到内部分析师会议与公司股东大会上。顶级分析师与资金管理者开始在电视直播节目上分享他们的智慧，这些节目非常有助于个人投资者理解财经概念与通用的股票市场术语。

美国证券交易委员会（以下简称证交会）还试图通过《公平披露法规》（Regulation Fair Disclosure，RFD）制止上市公司有选择性地向特定投资者披露信息。证交会声称《公平披露法规》"旨在制止股票发行者有选择性地向分析师与机构投资者披露非公开的实质性信息，《公平披露法规》要求证券发行者的所有实质性信息都必须公开披露"。显而易见，很多人都认为该法规有助于个人投资者获取与大型机构投资者一样的大量高质量信息。

互联网与《公平披露法规》对机构投资者与个人投资者间的信息差异有着非常复杂的影响。大量的信息通过证交会文件、网络传播与媒体发布的方式向公众传播。

企业高管的会计报告与对公司经济健康情况的披露正变得越来越透明。"含混不清"的数字变得越来越少。例如，普通投资者对安然公司的倒台感到异常愤怒，它的破产影响了金融体系的方方面面。而其中最大的影响就是安然事件使立法者开始关注企业收益的质量，以及美国企业问题重重的会计实践。尽管特定的会计技巧与实践应用总是日新月异，但是人性的自私自利却不是。

在资本主义的历史上，将个人利益凌驾于信托责任之上的事例可谓屡见不鲜。

除了像安然与其他几家大型公司那样使用特定的会计方法之外，公司的自私行为还有很多其他表现形式。比如：公司管理层有意损害股东利益；公司董事会设立制度妨碍有利于增加股东价值的主动竞购。尽管时空变幻，但由于利益的驱使，有些管理层总是会为了谋求不正当收益，而走上损害股东利益的邪路。

眼前的几家公司的崩溃与最终破产促使投资者、审计师以及分析师们更为关注上市公司如何报告其股东收益。经过一段时间的调查，很多人发现了有些投资者早就意识到的问题：管理层所披露的公司财务信息在某种程度上与公司的经营现况并不一致。

这些会计结果导致投资者们开始重新审视上市公司如何汇报其财务报表数据。尽管对很多公司来说，这种对公司报告机制的怀疑有些过犹不及，但安然事件仍然对投资圈产生了长远且正面的作用。最终上市公司将会对如何汇报数据更加小心。它们也会对股东披露信息的完备性、清晰性与信息量更加敏感。这种信息清晰性的进步终将使那些试图评估投资前景的股东受益匪浅。本书会帮助你学会如何充分利用这些更为透明而优质的财务报表。

互惠指引基金：价值投资思想智库

互惠指引基金公司是一家管理着数只共同基金的基金公司，这些基金都遵循互惠指引基金创始人马克斯·海涅（Max Heine）⊖所开创的价值导向方法运作，并受到迈克尔·普莱斯（Michael Price）的推广普及。价值方

⊖ 马克斯·海涅是著名的价值投资创始人之一，他创立的最有名的基金公司是 Mutual Share Fund，即共同股份基金，现在是邓普顿基金家族的一部分。——译者注

法的精髓就在于以 60 美分买入 1 美元的资产。

互惠指引基金的投资者以分析方法制定投资决策。作为分析师与投资组合经理，我们寻找各种大小各异的投资机会。而最常见的投资机会包括以下几种：

- 纯价值机会，例如识别被明显低估的上市公司，或者找到那些在整个商业周期运行得很好，但正陷入周期底部的公司。
- 事件驱动性机会，例如公司重组与分拆。
- 破产与兼并收购机会。

在每个领域，我们都会勤奋地发掘公司的真实价值，并寻找可以最大程度提升股东价值的潜在催化剂。

在退休接受返聘之前，迈克尔·普莱斯实际上一直是这些基金唯一的投资组合经理，直至这家公司经历重组并引入团队决策方法为止。在普莱斯之下有七名助理和十几名分析师。我们都在一间有 1/4 足球场大的房间里办公。房间的正中央是大型的 T 型交易柜台。普莱斯就坐在 T 型交易柜台的顶端，而他的交易员则坐在两边。包括我在内的所有分析师都坐在隔间里，面朝着普莱斯。

当普莱斯决定只担任基金公司主管的职务时，他会减少对日间交易的管理，他的两位首席助理彼得·兰格曼（Peter Langerman）与罗伯特·弗里德曼（Robert Friedman）暂时行使他的职责。这个角色后来由戴维·温特斯（David Winters）担任，他们三人以及其他普莱斯的学徒为我的价值投资带来了深刻的影响。他们分别是大卫·马库斯（David Marcus）、拉里·桑代克（Larry Sondike）、雷·杰瑞亚（Ray Garea）以及杰夫·奥尔特曼（Jeff Altman）。

主动型非专业投资者

《价值投资的五大关键》一书主要是由几位来自不同公司的价值导向专业投资者的方法汇聚而成，主要是从日间价值投资者的角度撰写的，专门献给那些为自己奋战在公开市场领域的主动型非专业投资者。

那么你如何判断自己是不是一名主动型非专业投资者呢？他们往往有以下特征：他们自己评估投资机会；他们自信而独立，但在做出市场决策时保持谦虚；他们聆听市场中的各种建议，但绝不盲从任何一种建议，而是仅凭一己之力去调研发现答案；他们有可能是教师、医生、家庭主妇或者是某一投资俱乐部的会员。总之，主动型非专业投资者就是普通人，如果你符合这些条件，那你可以继续阅读本书了。

关于本书

《价值投资的五大关键》是一本实践性很强的书，因此全新的投资组合理论以及其他宽泛的投资话题并不是本书关注的对象。价值投资者在投资时常常与这样的观念相伴：采用自下而上的方法。这些投资活动的成果通常是一定数量投资的积累，因此必须通过时间的检验。本书主要讨论的是如何获取并正确使用一组特定工具，以实现在投资过程中做出理性的最优决策。

本书中列出的众多价值投资者使用过的方法与工具既不完美，也不新鲜，实际上这些方法非常古老。真正的价值投资者既不想重新发掘司空见惯的事物，也不想试图发明一种新的价值技术。相反，价值投资者会收集久经考验的技术。那些经历了各种市场行情而经久不衰的技术才是本书考虑的重点。

就像本书所强调的一样，拥有对投资的正确心智与态度对于个人价值投资者来说是一笔最为宝贵的财富。当遇到一些略有争议或者难以解释的投资方法时，理解它们的最好方式就是把价值投资当作高尔夫比赛，有时候投资与打高尔夫球有很多相似之处。

它们之间最重要的相似之处在于二者在心智上的训练。当全世界都在与你对赌时，你必须坚守你的基本方法所要达成的目标。而在投资中，你就要接受，你的投资很有可能在一个季度甚至一整年中都表现欠佳，此时请不要放弃价值投资哲学的基本信条。同样地，优秀的高尔夫球手也不会因为在几场锦标赛中失手，就在接下来的比赛中放弃自己的全部方法与基本功，而去尝试一种刚刚试验了几次的方法。显然，你在投资中也不能这么做。

在开始你的价值投资之旅前，你所需要的工具非常有限。如果你以前在什么时候打过几场高尔夫球自然再好不过，但这并不是必要的。真正需要的是真诚的动机、勤奋的工作和初中数学水平与阅读能力。

价值投资者在评估并购买股票时需要一些特定工具以便分析与解剖商业"价值"。这一行为最好从上市公司在证交会提交的公开文件开始。本书会有一些证交会文件的摘录，阅读这些文件对投资过程很重要。当专业投资者花大量时间拜访上市公司时，个人投资者则将自己的主要时间投入到证交会文件等信息资料上。我在互惠指引基金工作时，阅读大量文件是我们尽职调查工作的核心。

本书能为你带来什么

最初的一章是全书的基础。如果这是一本写高尔夫球的书的话，这就是写给初学者的必要训练，以使他们理解这项运动的心理特性，学习不同俱乐部的优势与劣势。同样地，这一章内容呈现了价值投资者应有的心智结构。

本章主要讨论情感控制，同时还向你介绍价值框架的五大关键，同时也会向你介绍价值投资的全部基础与哲学思想。在靠后的章节则会揭示一些细节内容。这五大关键包括业务、价值与价格评估，此外还有催化剂事件的识别以及决定安全边际的要素。

接下来本书描述了大量工具，这些工具可以用于判断一家公司是否值得投资。本章旨在强化你的判断能力，从而决定采用哪项工具来评估上市公司。

一旦某项投资机会经受住了你的拷问，确实值得投资，本书将继续解释如何发现价格与价值间的精妙平衡。本书通过判断公司的实际价值以决定按一家公司的现有股价，其股份是否值得买进。然后本书将讲述如何填补价值鸿沟。这里也会讨论催化剂，以帮助读者识别并衡量那些会引起股价攀升的事件（或潜在事件）的效果。

全书的最后会探讨适用于个人投资者的股票安全水平的衡量工具。价值五大关键框架认为：当投资者识别了催化剂，认为需要以公允价值买进股票时，就需要对事件开展安全边际分析（这是本杰明·格雷厄姆所推崇的概念），以判定催化剂效应是否能驱动股价上扬。这在下行趋势中对投资者来说尤其重要。安全边际分析被众多价值投资者视为整个投资过程中最重要的部分。

一旦你拥有了正确的工具，同时还能有意识地控制自己的情绪，接下来最重要的就是如何恰当评估特定的公开投资机会。本书将帮助你评估你可能遇见的几种投资情况，并向你介绍其他价值投资者在面对同样情形时会如何使用特定的投资工具。

就像高尔夫球一样，你必须先观察其他人在相似环境中如何使用这些工具（即做些"练习"），然后找到"感觉"，发现最适合你的工具。在判断同样一家公司的价值时，两位价值投资者有可能使用不同的工具，并得到相同的结论。相似地，两位高尔夫球手可能会在百米的距离中用不同的球棒打出相似的球迹。在全书的最后，你应当已经能熟练地使用这些工具。本书提供了大量的工具，并解释了如何运用这些工具，但是要记住，判断怎样使用这些工具的人是你自己。

在有了合适的工具，并能正确认识形势之后，接下来就需要你自己做出明智的判断了。着手行动，或者说"正确地买入"，而当你买入股票，成为一家公司的所有者之后，接下来才是真正考验你能力的时刻，而且这对于你的投资能否成功至关重要。这段时间恰恰是大多数投资书籍中谈得最少的，可作为企业买家的价值投资者来说，这才是他们投入最多时间的领域，价值投资者更需要考虑的是如何成为更好的企业所有者，而这项工作是在买入股票后才开始的。

《价值投资的五大关键》提出了一系列建议，包括如何使用基本方法来启发你的投资观点。它讨论了如何将观点融入投资组合。总结起来，本书将使你获得作为一名成功的价值投资者所应具备的四大技能。

1. 拥有具体的价值框架，以制定价值投资决策。

2. 了解如何挖掘价格与价值间的平衡点，以及如何"正确地买入"。

3. 如何识别影响股价的事件。

4. 学会如何发现自己的价值投资目标与构建投资组合。

最后我想说的是，对着屏幕，开始操作吧！

|目　录|

第 1 章

价值投资者的理念

追寻价值恰恰是我们所要做的。

迈克尔·普莱斯

1998 年，一个宁静的秋日，我却备受压力煎熬。迈克尔·普莱斯，这位曾被《财富》杂志盛赞的华尔街传奇价值投资者，此时正一手紧握着椅背，一手握着年报站在我面前。他给我的问题一如既往地直截了当："丹尼斯，这是家好企业吗？"他快速地诘问道。

　　"没错，是家好企业"，在意识到他指的是我今天早上放在他桌子上的年报后，我回应道。

　　在简短的停顿后，我整理了下思绪，继续回答："这家公司在所处行业中拥有骄人的市场份额。而且这家公司旗下的三大业务部门之一深受市场周期影响，这压低了它的利润率，但其他两大业务部门的盈利能力依然强劲，并且在未来会越发强大。公司管理层表现出众，同时据我了解，该公司股东签署的委托书显示，其财务激励措施是与股东利益挂钩的。"

"那它值多少钱？"迈克尔追问道。

"这家公司的股份是以非公开市场价值$^{\ominus}$在市场上出售的，而且按收购价值（take-out valuations）计算，拥有可观的折扣。我们很有可能会以每股 33 美元的价格买入该公司股份，但是在按分类加总估值法与交易价值法（sum-of-the-parts and deal valuations）对其评估后，其真实每股价值至少会在 50 美元至 60 美元，我想我们在 1 年之后就能以这样的价格水平出售这项资产。"

"继续。"

"好的，这家公司最近宣布要将旗下的业务分拆为三家独立的公司，我坚信这项分拆会是使股价回归公允价值的强有力的催化剂。同时，根据我的评估，我们可以利用这家公司的周期性业务，以低于 30 美元的每股价格买入这家公司的股票。"

"资产负债表怎么样？"他询问道。

"非常干净！"我回答道："这家公司的杠杆率很低，资产负债表上的现金流异常充沛，而且负债水平极低。从它所处行业的经济状况、该公司的市场份额、品牌优势以及财务状况来看，我认为低于 30 美元的价格是有足够的安全边际的。"

这场质询到此告一段落。迈克尔·普莱斯结束讨论，将我打发出了办公室。几周之后，我在理想的价格水平下尽可能多地买入瓦里安联合

$\ominus$ 非公开市场价值（private market value），也称为拆卖价值，该估值方法假设企业各部分是独立的实体，并通过对独立部门估值加总来评估企业价值。——译者注

公司（Varian Associates）股份。我们对该公司业务与价值的评估得到了应有的回报，不到 18 个月，我们就观察到这家公司在进行分拆之后，各独立实体的股价在分拆后的首次发布会上就超过了各自的公允价值。

无须赘言，这类会话的结局会依每笔投资情况而略有不同。然而这代表了众多投资公司中的价值投资者间的典型对话。

价值投资精要

价值投资并不是一门技术，而是一门哲学，它也是一种生活方式。实际上，价值投资者们对金融投资世界内外往往都抱以相同的态度，根据某种特定的标准做出决策，同时还要为自己制定纪律以控制情绪。这些富有耐心的思想者动用所有资源来做出判断，但却并不盲从任何人，只是做好自己的功课。价值投资者对自己的能力、直觉，以及哲学都充满自信，他们的投资风格恰恰是他们坚定不移的人格的充分体现。

价值投资者的目标异常简单：以合适的价格购入业务坚实可靠的企业，并以此在长期获取充沛的税后回报。他们的心智模式可以概括为以下公式：

优秀的企业 + 合适的价格 = 长期充沛的回报

投资者们做好了公司价值评估，并设定好了合理的买入价格，就相当于完成了公司调研的家庭作业。此处的关键在于，你需要明白最成功的投资者都有着一套框架和选股的方法。正如迈克尔·普莱斯所言："一切都很简单，这并不是什么火箭科学，是华尔街把它们复杂化了。马克斯·海涅与沃伦·巴菲特所做的，归根结底就是在公司价值被过度低估时买入……"

不幸的是，对于优秀公司的定义众说纷纭，而投资者判断买入公司价格是否合理的手段也层出不穷，即便是在价值投资者之间，你也会发现他们对企业价值与价格的关系很难达成共识。而我们的目标应当是明确你所定义的"优质公司"与你所定义的"合理"价格是相符的。

只有当价格与相应的企业价值相称时，买进才有意义。公允价值是价值投资者的终极目标，而价格与时机可以帮助价值投资者判断股票是否值得长期持有，投资的回报必须弥补投资者所承担的风险。在理性的市场环境中，价格与价值维持着一种精致的平衡，双方互相影响，决不能将二者分离。

我们都是分析师

从本质上讲，价值投资者始终都是投资分析师。不论他们是投资俱乐部的成员、医生，还是专业基金经理，他们都会意识到，投资需要独立的工作，分析性的思维以及不懈的职业精神（relentless work ethic）。

许多价值投资者有着各式各样的投资方法与标准，而他们之所以都被归于价值投资者是由于他们拥有以下共性：（1）他们展现出了对情绪控制的自律；（2）他们拥有制定投资决策的坚实框架；（3）他们开展原创性的调研并且能够独立思考。

价值投资者还意识到投资是一场旅行，其旅程充满坎坷艰辛。然而无论何时，投资都必须是一个耐心的过程，需要不屈不挠的品性以及对自己承诺的坚守。大多数的价值投资者都具备这样的品质以应对投资之旅。沃伦·巴菲特在最新一个版本杰明·格雷厄姆的《聪明的投资者》中总结道："做一个终身成功的投资者，你既不需要超群的智商，也不需要不同寻常的商业洞察力或者内部信息。成功投资者真正需要的只是可靠而聪明的决策框架，以及避免情绪腐蚀这一决策框架的能力。"

在本章的开始我们会讨论情绪自律这一话题，同时还会比较投资与投机，并向读者展示典型价值投资者的基本信条。接下来本章还会介绍价值投资者的投资决策所赖以维系的五大关键。最后，本章会以这五大关键在瓦里安联合公司的应用作为总结。贯穿本书始终的分析都高度依赖原始信息来源，特别是来自美国证券交易委员会的文件。这样做也是为了向读者展现独立调研与证交会文件披露间的关系。

需要情绪自律

能够对情绪加以控制并做到自律，这对所有投资者来说都是一笔宝贵的财富，而对价值导向的投资者来说，这一点尤为重要。即便投资者内心深处的想法与迈克尔·普莱斯或沃伦·巴菲特高度契合，但只要他们的情绪主导了其决策，他们还是很有可能在市场上遭遇惨痛的失败。控制自发的情绪反应，并且不让它们影响决策制定，是情绪自律的关键所在。

情绪自律是价值投资者的最大优势所在，价值投资的所有理念都是建立在这一基础之上的。拥有高度情绪控制能力的投资者处于明显的优势地位，能在公开市场上更有效率地竞争。

情绪包括恐惧、愤怒、贪婪等感受，而自律就是要求投资者训练自己依照一套预先设定的规则行事。投资者也是人，因此也无法做到完美无缺。我们人类是无法像机器那样与世隔绝地分析数据，制定买卖决策的。人类是情绪化的生物，受恐惧、贪婪以及赌博本性的驱使。缺乏情绪自律的投资者通常拥有以下三大特性：

1. 他们总是相信那些自己愿意相信的事物，而完全不考虑事实指向何方。

2. 他们缺乏勇气，时常对自己的研究结论缺乏信心。

3. 他们通常都过于受短期影响。

相信自己愿意相信的事物会导致自我否定或过度自信，很多投资者的失败都可以归因于这类问题。过度自信是非常危险的，因为它时常会让原本理性的投资者不理性地思考问题。而另一个不那么明显的影响是，过度自信经常会让投资者高估某些事实在分析中的重要性，尽管这往往只是瞬间的失误，但遗患无穷。因为情绪会渐渐占据上风，使投资者为了挽回损失，或是顾及面子，而疯狂地买进、卖出股票，但更糟糕的是他们还会在牛市中得寸进尺，疯狂交易。

而网络助长了这种过度自信的心理状况，这是一种基于名为"知识幻觉"的现象：制定决策者往往会认为，仅仅获取更多的信息，就能显著地提高他们的投资技能。随着大量的特定公司信息变得唾手可得，过度自信的投资者能为任何结论找到合理的论据，而不管这一论证的逻辑关系有多么糟糕。特别是当这些信息源自那些不靠谱的网站时，问题尤其严重。当我们缺乏从大量信息中去粗取精的必要训练，并且不能合理地解释这些信息时，这对我们来说就是极其危险的。但现实是很多投资者高度依赖社交网络、新闻、网页专栏以及其他研究成果。

我们也会被情绪左右，有很多投资者凭借自己当日的情绪与所谓的"市场心理学"进行交易，而这些"心理学"往往都是凭空杜撰的。如果当天情绪不错，他们就买进，情绪不好就卖出。而大多数情况下我们都会将自己的情绪与市场情绪混为一谈。于是很多投资者频繁地进行交易，而全然不顾他们所买卖公司股份究竟价值几何。

这对于专业的股票交易员来说并没有什么问题，他们除了日间交易外什么也不做。实际上，有很多知名而且备受尊敬的投资者就是得益于他们驾驭证券交易的高超技巧。但问题是，有人把这种"顺势交易法"与价值投资以及购买企业相混淆。对于一个长期的企业购买者，关注交易会让你心烦意乱。对于价值投资者来说，这些交易所得的税后蝇头小利完全可以用对企业专心致志的研究来弥补。一旦价值投资者迷失于日间交易的尔虞我诈之中，就会忽略某项更大体量、意义更为重大的投资中资产质量恶化的重要价值信号。这并不仅仅发生在个人投资者身上，很多专业投资者也会错过此类重要信息。

许多这样的投资者的研究结果缺乏有力的证明。他们通常不善于基本面研究，缺乏勇气，并对自己的分析信心不足。这导致他们会依赖其他因素得出自己的分析结论。相互对立的观点比比皆是，特别是对于投资公司股份而言，买入者与卖出者的观点注定相左。他们或是缺乏对基本面研究的必要理解，或是分析事实的能力不够，因此这些投资者别无选择，只能依据市场一时的奇思妙想进行投资，而这最终导致了羊群效应。

大多数投资者，即便是那些以价值为导向的投资者，也往往会进行从众投资。例如，他们会因为看到 CNBC 新闻，或是听说巴菲特在买入房地产而进行投资。于是就像某人预言的一样，他们都迫不及待地参与市场，唯恐落在他人之后。了解群体行为本身并没有什么问题，但追随群体行为则有可能是情绪化决策的结果，这样的决策并不是基于客观推理。投资者总有这样的感觉，随大流永远不会出错。

从短期来看，缺乏情绪自律的投资者都过于短视。他们渴望现在就获得利润，并没有意识到投资应当是一门耐心的游戏。就像赌博一样，他们渴望通过交易获得短期利润，而赌博会助长强烈的情绪反应。短线投资者并不关心公司管理层在接下来的半年会做些什么，也不在意公司如何在下一年度强化其市场地位。这些所谓的投资者更关心公司股价在接下来一分钟、一小时，或者第二天的走势如何。结果就是大多数的短线投资者都依赖股票走势图来判断买卖点，但是其功效很值得怀疑。

仅仅依赖于走势图制定投资决策的个人，是无法实现充足的投资回报的。原因有几方面：首先，他们往往会在公司股价出现显著上涨之后才买入，他们是高买高卖原则的奴隶。如果所有人都遵循一样的规则，如此买入股票反而会变得更具风险。更何况，当大多数人都遵循相同的市场线索后，买卖"信号"就失灵了。实际上，本应选择买入的信号反而催生了相反的效应，引发了抛售。那些了解技术分析圈的人明白，股价之所以遵循某个技术信号，往往是因为大家都如此操作。[⊖]与此相反，基本面分析依赖的是个人的原创研究，而不是群体性的从众思维。

人们终归还是情绪化的投资者，富达投资公司的前资金经理兼副总裁彼得·林奇曾指出，投资者总会在三种情绪状态下反复转换：焦虑、自鸣得意与自暴自弃。他指出，典型的投资者会在市场下滑，经济蹒跚前行的时候忧心忡忡，而这种心态会使投资者将位于合理价位的优质公司拒之门外。遵循相似的逻辑，投资者会在以较高价格买入股票，并看到股票持续上涨之后自鸣得意。然而恰恰此时才是最该审视公司基本面的时候，可这类投资者反而会让一切顺其自然。最终，当股价下跌时，特别是当股价跌破买入价时，各种奇思怪想蜂拥而至，投资者最终自暴自弃，抛出股票。

即便是一些所谓的长期投资者也是遵循这样的模式，直到遇到下一次股价暴跌之后，他们才原形毕露。如果不能忍受股价长期的低迷，并有能力对市场恐慌视而不见，这样的人就不能成为长期投资者。真正的长期投资者比大多数人想象的要少得多，因为情绪自律在华尔街永远是稀缺品。

⊖ 即由于大家使用相同的技术分析工具，当股价发生变化时大家会依照经典技术分析图形进行交易，从而人为造成股价依照技术分析指标发生波动。——译者注

获取情绪自律

认出情绪高度自律者的方法简单而直接，很多投资者都曾写书描述过情绪自律者的特征。彼得·林奇曾指出，情绪自律者耐心、自持、拥有常识、能忍受痛苦、观念开放、超然于世、坚持不懈、谦虚、有灵活性，并愿意独立开展调研，同时又愿意承认错误，能在不完全的信息情况下做出决策，并且有能力避免恐惧与狂喜这样的极端情感。投资的目的在于避免情绪化，以及对于短期结果对市场影响的各种荒诞想法。"欲望与意志力间的冲突时有发生，这是因为人们既有长期而理性的一面，同时也受短期的情绪因素影响。"

包括价值投资者在内的绝大多数投资者往往都有着情绪丰富的一面。我们的大脑是无法隔绝于周边环境与我们自己的感受，进行独立工作的。相反，大脑经常会做出一些情绪化的假设，以尽快地得出分析结果。了解我们自身的这一缺陷有助于投资者避免特定错误。构建情绪自律以实现成功投资的方法有很多，即便我们并不具备彼得·林奇所描述的所有优秀品质，我们也能成为一名成功的投资者。实际上，你能选择阅读本书已经说明你具备一项极为重要的品质：意识到自律对于任何可靠的投资策略的重要性。

投资者控制情绪的方法有很多种，传奇的投资大师本杰明·格雷厄姆使用严格控制的参数进行证券买卖。这些标准包括：买入公司当前股价不高于过去 3 年平均收益的 15 倍，公司流动资产至少是流动负债的两倍，拥有连续 20 年不间断的偿付记录。相比之下，他的得意门生沃伦·巴菲特就没有这么严格。巴菲特总是寻觅主营业务相对容易理解的公司。而这些公司实际上在未来 10～20 年间拥有巨大的竞争优势，公司内含价值也会以稳定的速率增长。而对迈克尔·普莱斯来说，他更喜欢买拥有干净资产负债表，且有潜在催化剂发生的公司。

这些投资参数对他们来说都是有效的。然而，对你来说却未必有效。投资是一项需要进行推理的、非常个人化的运动，它有点像高尔夫球。无论是寻找投资机会还是击球，你都需要一种特定的方式，需要一套工具，以及使用这些工具的特定方法，而对于这些方法你要尽量避免折中让步。你所使用的方法与工具必须彼此契合，无论是投资还是打高尔夫球，如果想要获胜就需要掌握一定的基本功。很难想象一位优秀的高尔夫球手不会握杆，但精通挥杆，然后还能始终如一地取得优异成绩。同样，不掌握评估机会的基本功，但精通业务判断的价值投资者是不可能有异于常人的投资表现的。优秀的业务判断力与优秀的基本功相互契合。能够在投资技术与投资架构上，掌握严格执行与灵活应变的精妙平衡，这才是实现情绪自律的根基。

当我们拥有了现成的投资架构，价值投资者就更有可能避免成为市场情绪与他们自身情绪感受的奴隶。

七大基本信条

信条一：无论市场怎样变化，世界都不会因此而终结。从短期到中期来看，投资者情绪对股价的影响要远比基本面显著。而从长期来看，基本面才是关键因素。纵观美国资本主义的历史，资本市场总能从一次次经济危机的洗礼中幸存下来，并继续繁荣。自从第二次世界大战以来，美国经济历经数次萧条与倒退，而市场却总能从危机中及时恢复。历史显示，绝大多数的经济萧条从本质上看都是正常的，而且只要政府对此做出应对措施，这些萧条就都会是短期的。

2001年10月1日，在"9·11"事件之后，资本市场陷入了高度的不确定性之中，彼得·林奇对当时的市场骚乱做出了如下评论："尽管我已经在这个行业工作了超过30年时间，并且曾见证过多次艰难时期，包括1987年的股市崩盘（道琼斯指数在一天内下跌了23%）以及其他5次大萧条，但我仍然无法回答这一问题，而且恐怕永远无法回答。没有人能做出确定的预测，预估接下来的1000点会怎么走。市场波动才是常态，它绝非安逸之所。而对我们来说，重要的是千万不能因此而失去了对市场的关注，而这才是我们在股市制胜的关键所在。"彼得·林奇接下来说，这一系列事件此刻会伤害到市场，并影响到公司收益以及整个经济环境。"但从长期来看，我相信10年之后的公司收益率会高于今天，而20年后的收益率则会远高于今天，市场也会跟随这一大势"。

从表1-1的数据中我们可以看到，在18次经济崩溃中的15次中，仅仅在3个月后，股票市场就收复失地，增长幅度超过因事件驱动而造成的损失。

表 1-1　道琼斯工业平均指数市场危机

危机事件，道琼斯指数跌幅以及之后的绩效					
事件	发生时间	事件发生后的增幅/降幅（%）	事件发生后道指的增幅（%）		
			22 天	63 天	126 天
交易所因第一次世界大战而关闭	07/22/1914 ~ 12/24/1914	-10.2	10.0	6.6	21.2
德军入侵法国	05/09/1940 ~ 06/22/1940	-17.1	-0.5	8.4	7.0
珍珠港事件	12/06/1941 ~ 12/10/1941	-6.5	3.8	-2.9	-9.6
朝鲜战争爆发	06/23/1950 ~ 07/13/1950	-12.0	9.1	15.3	19.2
艾森豪威尔心脏病发作	09/23/1955 ~ 09/26/1955	-6.5	0.0	6.6	11.7
苏联"伴侣号"卫星发射	10/03/1957 ~ 10/22/1957	-9.9	5.5	6.7	7.2
约翰·肯尼迪遇刺	11/21/1963 ~ 11/22/1963	-2.9	7.2	12.4	15.1
马丁·路德·金遇刺	04/03/1968 ~ 04/05/1968	-0.4	5.3	6.4	9.3
美军轰炸柬埔寨	04/29/1970 ~ 05/26/1970	-14.4	9.9	20.3	20.7
阿拉伯石油禁运	10/16/1973 ~ 12/05/1973	-18.5	9.3	10.2	7.2
尼克松被弹劾	08/07/1974 ~ 08/29/1974	-17.6	-7.9	-5.7	12.5
亨特兄弟周四的白银崩溃	02/13/1980 ~ 03/27/1980	-15.9	6.7	16.2	25.8
美军入侵格林纳达	10/24/1983 ~ 11/07/1983	-2.7	3.9	-2.8	-3.2
1987 年金融危机	10/02/1987 ~ 10/19/1987	-34.2	11.5	11.4	15.0
伊拉克入侵科威特	08/02/1990 ~ 08/23/1990	-13.3	0.1	2.3	16.3
世贸中心受到炸弹袭击	02/25/1993 ~ 02/27/1993	-0.3	2.4	5.1	8.5
亚洲金融危机	10/07/1997 ~ 10/27/1997	-12.4	8.8	10.5	25.0
世贸中心与五角大楼遭遇恐怖袭击	09/10/2001 ~ 09/21/2001	-14.3	13.4	21.2	N/A

注：1. 22 天、63 天以及 126 天是从"事件发生"一栏中的最后一天开始计算的。

2. "事件发生"一栏中的起始日是指市场开始对事件做出反应的时间，或者事件发生后的最近一个交易日。

3. 在 1914 ~ 1916 年，道指采用了新的 20 只股票进行计算，并以此计算 1914 年 12 月 12 日重新开市后的价值。而进行本项研究的 NDR 分析师则修正了 1914 年 12 月 12 日的道指数据，以使数据呈现连续性。该数据源自菲利斯 S. 皮尔斯（Phyllis S.Pierce）整理的 1885 ~ 1990 年的道琼斯平均工业指数。

4. "天"指的是市场交易日。

信条二：投资者总是受恐惧与贪婪驱使，而整体市场与股价会随之而波动。波动只不过是从事股票投资的必要成本而已。正如本章之前所提及的，股票市场最常见的两种情绪反应是恐惧与贪婪。恐惧使股价远低于内含价值，而贪婪则使股价远高于内含价值。投资者因恐惧公司股价会一文不值，而在市场上疯狂地抛售股票，以变卖他们所投资的股票与共同基金。于是这些基金的赎回率高企，专业投资者，特别是价值投资者将不得不违背自己的意愿，以远低于公司真实价值的价格售出股票，而这会助长恐惧的蔓延，最终形成恶性循环。正常的经济周期或股票市场的突然暴跌往往就是由于这些恶性循环在作祟。

而贪婪的作用则正好相反，投资者哄抬股价，拒绝出售定价过高的证券，希望以此尽可能多地榨取所有潜在利润。过度的乐观与恐惧是理性投资者的大敌。因此价值投资者会在市场充满贪婪之际恐惧，而价值投资的框架会设法让人免于陷入过于恐惧或过于贪婪的境地。

信条三：通货膨胀才是唯一真正的敌人，任何试图预测经济变化以及市场或经济走势的工作都是徒劳的。关注企业和企业的价值，然后牢记信条一。通货膨胀是指消费品与服务价格的总体上涨。联邦政府会比较一揽子消费品的当下价格与历史价格，以此衡量通货膨胀率。如果当前价格增长，那么投资者就会在所购入公司的股票上索要更高的回报率以抵消投资资金购买能力的下降。联邦储备委员会通常会介入干预通货膨胀。在通胀发生时，美联储会提高贷款贴现率，从而引发利率上升。

随着利率上升，借入货币的成本就会上升，从而降低对货币的需求。货币所购买的商品与服务的价格也会随之下降，最终导致产品价格下行。对公司而言，通货膨胀意味着借入资金的成本上升，而利率、失业率等经济指标会受到通货膨胀率的预期影响。

通货膨胀会为投资者带来灾难性冲击，面对通货膨胀，投资者能做的事情非常有限。巴菲特曾经说过："数学计算让一切显而易见，通货膨胀就是一项高额的赋税，而且要远高于我们现行法律规定的所有税负。通货膨胀税有着消耗资本的神奇力量。"对此，巴菲特警告道："如果你觉得自己能够在证券市场上游刃有余地战胜通货膨胀，那我甘愿做你的经纪人，但不是合伙人。"

不要浪费时间，精准预测诸如利率或股票市场走势这类经济变化对投资者来说固然利润丰厚，但这并不可行，而且恐怕永远也没人能做到。因此价值投资者不会为了追逐这些虚妄的幻影而让自己倍感焦虑，他们会关注更为实质性的问题。

信条四：好的想法并不好找，但即便是熊市，市场上也不乏好的想法。所谓"股票市场"的说法其实并不准确，恰当的说法应当是有着众多股票的市场，不论大盘走势如何，个人投资者都能在投资上表现优异。自律的价值投资者能够识别最优秀的企业，并在最为合理的价位买入其股份。实际上，很多价值投资者坚信最好的投资想法往往源于熊市，因为在熊市时表现卓越的公司都有着吸引人的价格。因为市场总是前瞻性的，所以它常常会为当下的经济环境打上折扣。谨慎的投资者明白熊市只是经济与市场周期中的一个自然的过程，充足的证据表明，在经历了一段时间之后每个熊市都会到达终点。

因此，我们应当承认熊市只是暂时性的现象，而在熊市时公司的股价会更具吸引力。必须承认，在熊市中，即便你遇不到一本万利的买卖，也总能找到投资机会。总而言之，从长期来看，买入最有价值公司的最好时机往往就是在熊市时。

信条五：上市公司的首要目的是将公司现有资源转化为股东价值。作为公司股东，你所要做的就是确保这一转化的实现。公司的目的不仅仅在于实现"永续经营"，它们也是转化资源的组织，它们有责任将公司现有资源转化为股东价值，如果上市公司不能实现这一目标，那么它们还不如关门大吉，或者干脆直接退市来实现私有化。而公司如果想要真正将资源转化为财富，通常就需要一个乃至一组特定事件的推进。而这些事件被称为催化剂。催化剂既可以是新产品发布，也可以是公司分拆等事件。

最优秀公司的管理团队能够最有效率地将资源转化为股东财富。公司资源包括人员、资本、品牌、财产、厂房以及设备等。通过将这些资源转化为股东价值可以扩大股东财富。公司真实收益的增加值都会被加总到股东权益中。如果管理层不能有效将自由现金流（free cash flow）转化为股东财富，那么它就应当用自由现金流进行再投资，或为股东分发股息。总之，管理层是问题的关键所在。

信条六：90% 的成功投资源于买入正确的股票。而以最优价格卖出股票就不是那么容易了，所以价值投资者倾向于早买、早卖。市场是极具连续性的，因此价值投资者才能以较低价格正确买入股票，他们期望在不承担过度风险的前提下获取自己渴望的价值。为了能正确买入股票，投资者需要一套框架以确定买卖时点。就像一些专业人士所认识到的一样："时时刻刻都有傻瓜出现，他们以比你当初买入时更高的价格买入股票，只要总有人愿意出更高的价，价格就能持续下去。毫无疑问，这只不过是大众心理的作用。所有精明的投资者都会在刚开始的时候先发制人。"

如果你打算买入股票，那么就应该尽早买入。尽早买入股票就可以充分利用美元成本平均法（dollar cost averaging）了。依照美元成本平均法，就能在股价较低时购入更多的特定公司股票。[⊖]假设最初决定购入特定公司股票的基本面因素没有发生改变，美元成本平均法就能成为一样强有力的武器。对于知识广博的价值投资者来说，该方法能降低每股平均成本，从而提升回报。它可以让投资者以更优惠的价格购入股份。

信条七：市场波动并不是风险，而是机会所在，真正的风险来自公司内含价值的反转与永久性改变。股价的波动性与风险并无直接关系。价值投资者对于一般市场的日间波动漠不关心，公司的公允价值与内含价值并不会随股价做经常性波动。本杰明·格雷厄姆曾指出，市场是服

⊖ 美元成本平均法又称为定时定额投资法，指要求投资者每月购入相同数目的股票，这样就可以使投资者以较低成本积累头寸。——译者注

务于投资者的，而不是指导投资者如何决策的。因此市场波动只会为价值投资者提供于特定价位买卖的机会。股价总是在围绕公司内含价值波动。价值投资者应当一直紧盯公司的内含价值变动方向。现金流风险与标的企业所处的经济环境的风险，才是真正的风险所在。而实际风险水平也取决于买入股价高低，要看买入股价与企业内含价值的差值如何。

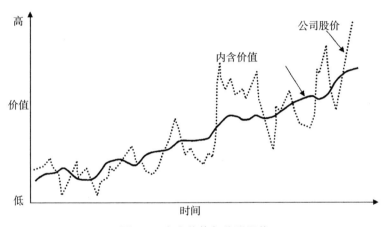

图 1-1　内含价值与公司股价

图 1-1 展示了一家有着良好管理的优质公司的股价与其内含价值的关系。图中的实线表示的是公司的内含价值，虚线表示的是公司的股价波动。从图 1-1 中我们需要理解三个要点：第一，股价围绕公司内含价值上下震荡。由于市场参与者们都试图预测市场走势，使得股价表现充满变数。这些变数源自财经新闻、行业数据、市场走势以及共同基金经理的资产组合配置，以及需要纳入考虑的公司大股东行为。这些变数造成了股价的波动性，但是公司的内含价值却并未因此而产生波动。

第二，关注的焦点。博识的投资者巴不得这种股价波动行为出现在所有证券上。价值投资者需要关注的是公司的内含价值，他们需要问自己这样的问题："公司的基本面是否发生了变化？"只要反复钻研图中的实线，投资者就能充分利用股价波动情况，发现市场何时对标的公司过度投机或者过于悲观。

第三，图 1-1 还指出了时间问题。每家公司、每个行业的波动水平各不相同。以技术企业为例，它们的波动性远远高于绝大多数的制造业公司。因此，那些在内含价值线以下购入有技术背景的公司的投资者就有可能尽早地抛出股票，因为这些公司股价的波动性较高。问题的关键是如何在公司内含价值之下购入股票，而这对高科技公司投资者来说也往往是最难的，这一点我们会在本书后面展开讨论。总而言之，价值投资者会对高科技公司敬而远之。沃伦·巴菲特就从来不碰科技股。而迈克尔·普莱斯尽管要比巴菲特更具投机性，但他也承认："我不是一个科技股投资者，除非它们出现暴跌……股价低于每股净现金流。"这两位大师所强调的是，要在正确的时机买进正确的股票。这里的要点是市场通常会指示个人投资者何时进行买卖。

价值框架的五大关键

在谈到投资时，沃伦·巴菲特曾在 1998 年的《卓越投资者文摘》中清晰地指出自己的投资标准。巴菲特说："我们选股的标准恰恰是我们选择公司的标准，首先我们会选择那些我们看得懂的公司，我们能理解它的产品，它所处行业的竞争态势，我们会试图发掘这家公司的经济状况，也就是它在接下来的 5 年、10 年或者 15 年内的盈利能力如何。看它的盈利状况是良好的、未来有增长前景的，还是很糟糕的、前景黯淡的。同时我们会试着评估其未来的收入水平。接下来我们会判断我们所接触的企业管理层是否适合我们与之共事。最后，我们会判断在目前状况下企业的合适买入点在哪里。"

与此相应，当一位记者问迈克尔·普莱斯，投资者在选择购买企业时应当看哪些方面时，迈克尔·普莱斯如是回答："首先，一家公司的售价应当低于其资产价值；其次，公司管理层自己必须拥有公司股份，而且多多益善；再次，这家公司必须有一份干净的资产负债表，负债要少，这样风险才会小。高杠杆公司可不是笔好买卖。如果你做好了这三点，那你的投资就没错。"这位记者继续追问道，其投资方法是否与沃伦·巴菲特一样。迈克尔·普莱斯立马回答道："不，我们的心态很相似，但沃伦·巴菲特与我不同。他能以独有的渠道识别一家公司。我们不擅长这个，所以我们不这么做，我们只是寻找价值。"

价值投资者追寻价值。他们会认真识别评估一家公司，就像要买入整个公司一样研究它，完全不像是只买入一点点股份。而多年的结果证明，这种方法确实行之有效，但却很少有投资者将其引入实践。对于投资者来说执行一直是最大的挑战，而且恐怕在将来对投资者来说仍然是一个挑战。坚守这一方法要求投资者极为专注，有耐心，而且要做好情绪自律。随着股价与市场产生剧烈波动，华尔街的分析师会频繁调整股票评级，各路市场大师们也开始修正他们的预测，在这样变化纷呈的环境下坚守原则将是一个长期挑战，因此价值投资者必须坚持其购入原则，完全依照坚定的心理框架行事。

价值投资者只对价格远低于公允价值的公司感兴趣，因为只有这样才能在接下来的两三年间获得足够的回报。如果某些公司股价明显低于估值水平，不受大众青睐，或者有逆向投资者参与其中，价值投资方法就需要投资者分析更多的细节：进行企业基本面信息与财务分析，并以此正确评估每项潜在投资的风险回报情况。价值投资者对投资机会的分析框架可以概括为以下几个关键问题。

1. 这是一家由精明管理者负责的优质企业吗？

2. 这家公司值多少钱？

3. 这家公司的股价是否吸引人，我愿意为之投资多少？

4. 最有影响力的催化剂事件是否迫近？

5. 以此股价购入该公司的安全边际是怎样的？

这些标准可以称为"五大价值关键"（见图 1-2），它们是那些最为成功而知名的价值投资者的经验总结。

从第 2 章到第 5 章我们会逐一讨论这五大评估层级的细节，讨论其定义并解释它们是如何运作的。

第一，在企业评估上，价值投资者会关注影响公司价值的一系列相关企业与行业问题。这可能会涉及像上市公司收益质量（quality of earning）、公司产品线、市场规模、管理团队以及公司在行业中是否具备可持续的竞争优势等问题。

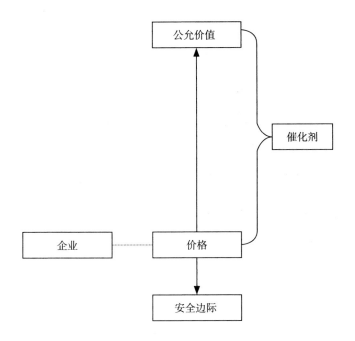

图 1-2　五大价值关键的框架

第二，价值投资者会进行公允价值评估，以此建立一套决定公司公允价值的价格体系，这需要评估公司的标准自由现金流，分析、收购以及（或）资产价值等指标。之后还要做退出价值评估，为"公允价值"设定合理的价格目标，以此确定当前股价之后的上升空间。

第三，价格评估能让个人投资者全面理解当下的股票市场是如何对这家公司估值的。在这项分析中，投资者会通过询问以下问题将几个重要因素纳入考虑范畴：为什么这家公司当下的市场估值如此之低？例如一家公司初看起来估值十分吸引人，但在进一步分析了其财务策略或者与同行的竞争情况后，你会发现其实它的估值水平并不理想。公司股价之所以偏低可能是基于某种永久性的原因。同时，股价评估也为想要购入公司的投资者提供了一个合理的价位。

第四，催化剂的识别能有效填补当前股价与价值投资者所预期的退出价值间的鸿沟。这里的关键是，确认催化剂事件是否很有可能释放公司的潜在价值。当然，催化剂事件之间也存在差异，它们的效果并不相同。因此，催化剂的实际效果非常重要。影响公司的潜在催化剂包括公司分拆、业务剥离、新管理层上任以及一些正在发生的内部催化剂，如公司文化的转变。

当公司催化剂事件反应推迟或者没有起到作用时，价值投资者在买入前的安全边际分析就变得至关重要。在安全边际内购买股票，就意味着以足够低的股价买入股份，使购入价格能够支撑企业所处的经济环境、资产价值以及资产负债表上的现金流等指标。如果公司的股价长期低于"安全边际"，那么我们就有理由认为，这家公司的潜在买家很有可能是基于战略或财务目的的企业收购者，该公司很有可能面临破产或清算，为此投资者需要认识到企业的内含价值，以确保持有这类公司股份的安全性。

整合几大因素：重新审视瓦里安联合公司

瓦里安联合公司在 1998 年 8 月 21 日编制的公司表格 8-K [⊖] 中公

⊖ 表格 8-K 是美国证交会所要求归档的一种常见表格，通常用来向投资者披露对股东利益有实质影响的重要事件，这些事件包括公司破产或者管理层更替等。——译者注

布，公司将重组其核心业务并披露了相应的细节，这些核心业务包括医疗保健设备、半导体设备以及仪器设备。瓦里安联合公司打算将其拆分为三家独立的上市公司。依照该计划，8-K 文件指出，瓦里安联合将向股东对这三家公司中两家的股份进行免税资产派发（配股）。当美国证交会的文件披露三家公司的信息时，我做了如下记录。

瓦里安医疗设备的业务主要由两条产品线构成：用于治疗癌症的肿瘤射线设备以及用于各类诊断的 X 射线管。它在加利福尼亚州、犹他州、伊利诺伊州以及南卡罗来纳州拥有厂房，此外在英国、法国、瑞士与芬兰拥有生产中心，其 1997 财年的销售额为 4.72 亿美元。它还拥有 3500 家售后服务机构，这家企业是全球最大的放疗设备供应商，同时也是 X 射线管的领先制造商与维修商。

瓦里安仪器公司（正式官方名称是 Varian, Inc.），是一家主要的工业与科研用分析研究仪器的制造商。其业务范围还包括一条真空泵生产线和检漏设备生产线，同时它还拥有行业内最先进的电路板生产中心。这些业务在 1997 年总共贡献了 5.27 亿美元的销售额，包括它在亚利桑那州、加利福尼亚州、科罗拉多州以及马萨诸塞州的工厂，同时还涵盖了它在澳大利亚、意大利以及荷兰的厂房。

瓦里安半导体设备联合公司是离子注入系统的生产与服务商，该设备应用于芯片生产工艺中的一个关键流程。它在马萨诸塞州运营着两处生产与研发设施，在日本与韩国也拥有生产研发设施。该公司 1997 年的销售总额为 4.24 亿美元。它是全球主要的离子注入系统供应商，向全球芯片制造商提供了超过 2500 套设备。

这份证交会文件还指出：该公司的总体业绩经常受到某些特定领域的严重影响，例如它深受半导体行业波动的影响，而当下的行业下行周期使其股价跌至历史最高点的 50%，甚至更低的价位。

之后我从行业相关网站了解到，瓦里安联合公司下的每条业务部门都是它所在市场的行业领先者。其医疗设备业务是全球最大的综合肿瘤设备供应商。其仪器部门是化学分析研究仪器的主要供应商，而其半导体设备部门是半导体制造领域中某一特定设备的全球最大的供应商。

在公司宣布资产派发（配股）的当天，瓦里安股价跃升了 19%，从每股 36 美元升至 43 美元。然而我并未因自己错过这一绝好的买入机会而感到沮丧。因为我明白公司完成重组与免税配股需要持续 1 年的时间。经验告诉我，在这段漫长的时间间隔中市场会反复出现非理性震荡，我会在安全边际较高的时候抓住机会买入该公司股票。

我收集并处理了美国证交会所公布的瓦里安联合公司的最近消息，以评估该公司的价值。通过管理层讨论与分析（MD&A），我获取了非常有用的信息。这些分析非常有助于我加深对瓦里安背后数据的认识。它让我了解了公司的历史情况以及将来可能的发展方向。管理层讨论分析通常是最值得投资者阅读的重要文件，投资者往往可以从公司的年报与表格 10-K[⊖]上找到这些材料。在大量阅读了有关公司向证交会申报的

⊖ 表格 10-K 是在每个财年结束后的 90 天之内，美国上市公司要向证交会递交的表格，内容包括公司历史、结构、股票状况与盈利情况，等等。——译者注

近期数据的评论文章、"价值链"网站报道，以及该公司与其竞争对手的网站之后，我用以下五大手段得出了自己的企业估值。

我对这家公司的业务以及管理团队情有独钟。在近距离地审视了这家公司与其他竞争对手的利润率、标准化回报以及现金流之后，我最初的印象是，瓦里安公司是由出类拔萃的管理团队运营的优质企业。此外，我还注意到，这家公司的三大主营业务都有着卓越的增长前景。以医药设备为例，该产业很有可能会从人口老龄化中受益；随着对基因组研究的不断关注与资金的投入，其仪器部门会出现预期的增长；而随着半导体行业的商业周期回归，该部门也会出现反弹式增长。

到目前为止，我确实很钟情于这几项业务，并且我注意到他们在最近发布的股东签署的委托书中提到，瓦里安联合公司董事会主席自己就拥有公司 2% 的股份。这个信息告诉我管理层会在自身利益的驱使下尽量做出符合股东利益的决策，因为他们自己就是这家企业的投资者。

从最好的情况来看，这家公司每股至少价值 55 美元。我使用三种标尺来分析公司价值：分类加总估值法、历史估值以及交易价值法（即公司收购者愿意为这家公司出多少钱）。以分类加总估值法来看，我使用了三种指标：企业价值倍数，即企业价值与息税折旧摊销前收益之比（enterprise value to earnings before interest, tax depreciation, and amortization），企业价值与自由现金流比率（enterprise value to free cash flow），以及市盈率。我使用这些指标估值并回顾公司历史，以获取市场给这家公司定价的估值范围。而在评估交易价值时，我评估的依据是我所观察记录的各个行业的收购情况。我是以企业价值对现金流比率估算这家公司的交易价值的，同时也会使用企业价值对收入比率。本书强烈推荐价值投资者将这类指标汇编在一起作为自己投资框架的一环。最终这些数据的计算结果是，按照保守的分类加总估值法结果为每股 56 美元，按历史估值为每股 52 美元，从兼并价值来看为每股 58 美元。而这应当才是潜在投资者愿意为这家公司支付的价格，我最终的持有价值是每股 55 美元。

这些估值并没有考虑经济环境的走强或衰退。我的目标是依据 1998 年秋天所获取信息判断该公司的合理价值。

我希望以比公允价值低 40% 的折扣购入这家公司的股份，并愿承受有限的下行风险。对于价格来说，既然我认为应以比公允价值低 40% 的折扣购入该公司股份，通过简单计算就能得出，每股 33 美元是理想价位。我以 30 多美元的每股价格购入瓦里安公司股份的另一个原因是：这样的价位能为我提供足够高的安全水平，我所算出的瓦里安公司的安全水平应当是每股 29 美元。该价值是基于瓦里安公司经销商的重置成本计算的，同时还考虑了管理层将公司私有化的成本。在计算中，我使用了 5.5 倍的企业价值对息税前现金流比率，这一数据是源于对医疗设备与分析仪器市场交易的观测。从瓦里安公司现有的市场地位、资产负债表情况以及未来远景来看，我认为以该价格水平买入这家小型企业集团的股份非常合理。这一估值意味着公司股权价值为 8.6 亿美元[⊖]，将其除以总流通股数，结果最终为每股 29 美元。第 3 章会详细讨论如何使用这些估值工具。

在估值之外，分析指出每股 30 美元的价格仅仅相当于公司两大部门的价值，这意味着整个半导体设备部门并未被算到估值中来。

在此艺术遭遇了科学，我是可以等到 29 美元每股这样一个理想的估值再买入瓦里安公司的。而该公司价值是基于其三大业务中的两大业务估算的，这样看来，29 美元每股要么就是一个令人难以置信的市场投资机会，要么就是公司资产减值的结果。而如果是后者的话，就需要对该企业进行重新评估。

公司分拆是创造股东价值的最有利方式。从这一点来看，我很满意该公司 33 美元的股价，它满足安全边际并且远低于公允价值。现在最后的问题来了："该如何确定公允价值呢？"公司拆分的催化剂将要来临，现在我需要确定其效能，毕竟各种催化剂的效果并不一致。

管理层在接下来几个月间分拆公司的理由证明，我的评估是正确的，这是一个典型的释放价值的机会，而管理层自己也利用了这一机会。我自己常常说，这次成功投资是分析其他公司分拆机会的标杆。瓦里安联合公司的董事会成员通过了公司分拆建议，并在美国证券交易委员会归档的 8-K 文件中介绍了分拆的 6 个理由。

⊖ 此处原文为 860 美元，可能是作者笔误，疑为 8.6 亿美元（860 million）。——译者注

瓦里安联合公司给出了公司分拆理由。管理职能的聚焦：管理层认为，瓦里安联合公司的三大业务拥有不同的特性与商业周期，服务于不同的市场与客户群体，面对着不同的市场竞争压力，因此必须以不同的长期与短期战略与目标加以管理。瓦里安联合公司相信，将公司分拆为三家独立的上市公司，并拥有独立的管理层与董事会，对于处理公司当前与未来的事务是非常有必要的，这要远比将三大不同业务放在一家公司下管理要好得多。分拆最终会使各家公司的管理层独立运营自己公司的事务，这样一来管理层只需关心一家公司的需求与目标，从而能采用并实施更符合公司实际的战略。此外，公司分拆还有助于各家分公司的管理层专注于提升本公司的业务。

资本结构：瓦里安联合公司相信，分拆公司将有助于各家分公司根据自己的需要和具体商业目标组织资本结构，分配公司资源。原有的股票回购计划有可能会被终止，或者会停发股息，这能为瓦里安以及瓦里安医疗设备公司提供收购与企业增长所需的现金流，而且也能让瓦里安半导体设备公司在商业周期下行阶段保存必要的资金。筹措来的资本可以按照各业务部门的具体需求进行分配。每家分公司现在都可以将资金尽其所用，而不用考虑其他业务部门的需求。

吸引并留住核心员工：瓦里安联合公司的管理团队坚信，吸引并留住核心人员是提升技术能力、维持行业领先地位的根本所在。在以前的公司治理结构下，瓦里安联合公司无法以股权激励措施来促进不同部门的绩效提升。分拆后的公司就可以建立起有针对性的股权激励项目，这将有助于各分公司引进优秀管理团队并留住核心员工。

兼并活动：瓦里安联合公司相信，通过兼并来扩张公司业务是瓦里安与瓦里安医疗设备公司未来成功的重要组成部分。这类的兼并增长有赖于股本发行所募资金的资助。而公司分拆将有利于提升公司的可用股本，同时还能降低融资成本。瓦里安联合公司的管理层相信，在分拆之后的各家公司将会拥有更强大的现金流，可供其开展业务兼并。

投资者的认知：分拆后的公司将更有利于债权人与股权投资者以及证券分析师评估各家分公司的财务状况与战略前景，因此这会改善投资者对各家分公司的正确市场认知。这三家公司的股票能吸引更多的拥有不同投资目标与风险耐受力的投资者，因为分拆后的公司将有助于投资者将投资直接集中于他们的首要利益领域。

成本节省：每家分公司将能通过分拆优化自身的组织结构，因此可以降低管理与组织成本。将三家公司的管理与组织成本加总，所得结果将远远低于在分拆前瓦里安公司的集中管理的成本水平。

瓦里安联合公司与价值框架的五大关键：

- **企业**：拥有领先市场位置与强大管理层，远景良好的优质公司。
- **价值**：公允价值为每股 55 美元。
- **价格**：33 美元每股，买入价格比公允价值低 40%。
- **催化剂**：公司分拆。
- **安全边际**：向下空间 12%，向上空间 67%，有一个部门完全没有计入公司价值中。

第 2 章

企业与行业评估

　　我们设法寻找这样的公司：拥有持续稳定的收益流，其所处行业与其自身都便于预测，我们认为这样的公司能在未来带来持续而丰厚的利润。

小约翰·W. 罗杰斯

买入一家公司还是投机一只股票

价值投资者投资的是企业，而不是股票。为了能有效地进行企业投资，投资者必须采用一套聪明的分析框架来帮助他们做决策。在对公司进行分析的同时，最优秀的价值投资者还会引入情感自律以约束自己的投资行为。本书所介绍的投资框架名为"价值的五大关键"，它为投资者提供了一套初步认识价值投资思想，以及耐心考量价值投资的机会。这套框架是对迈克尔·普莱斯、沃伦·巴菲特以及其他令人肃然起敬的投资者思想的整理。这五大关键包括以下内容：企业、价格、价值评估、催化剂事件识别以及安全边际。

本章主要讨论其中的第一个问题：企业。这涉及一个简单而必要的问题：这家企业是否优质？

购买企业是一项投资活动，而交易股票不是，二者间的差异显而易见。价值投资者坚信，作为公司股东，他们是拥有一定权利与优先权的企业所有者。而对于投机者来说，他们则认为公司股票无非就是市场参与者们来回交易的一张纸，完全不用考虑股票背后的标的资产价值几何。

企业的投资者将企业的经济状况作为自身决策的基础，他们所支付的价格与由此所获得的价值息息相关。市场投机者则依据对其他投机者行为的预测进行决策，如果股价"表现"良好则买入，如果表现较差则抛出。有意思的是，对于一些专业的股票市场投机者来说，他们对股价的上下波动驾轻就熟，这套投机方法对他们来说是管用的。而对大多数人来说，我们根本不具备参与这场心理博弈所必备的能力。

对于价值投资者来说，公开买卖一家上市公司的股份与买入一家私营公司或一栋私人房产并无二致，在制定这些买入决策的过程中，价值投资者所考虑的问题是一样的。一般人之所以对房产感兴趣，并不是因为想要"交易"这项资产。大多数人倾向于买入并持有房产，在至少5～7年后才出售。这些房屋的潜在所有者会花大量时间，从报纸与互联网上搜寻相关信息，并向地产中介垂询，绞尽脑汁获取关于这项资产未来价值的情况。在完成了他们的功课之后，长期价值投资者还会投入几乎同样多的时间和精力，来发掘合适的市场时机。

表 2-1　企业投资者与股票投机者的差异

购买企业的决定因素	交易股票的决定因素
收益与现金流	市场心理
管理层	图表技术趋势
产品与市场	投资者的敏感度

（续）

购买企业的决定因素	交易股票的决定因素
竞争优势	移动平均线
公允/内含价值	相对强弱指标
安全边际	价格动量
催化剂	投资主题

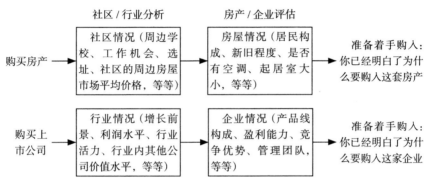

图 2-1　购买股票与购买房产

了解这家企业

当价值投资者试图了解一家企业时，他们会考虑三方面因素：从哪里获得信息才能更好地了解这家企业？应该采用什么方法去了解他们所评估的这家企业？应当如何挖掘证交会文件与企业财务报表中的信息，以实现风险的最小化？在附录 A 中，我列出了价值投资者可以使用的一系列工具。

毫无疑问，了解如何阅读公司财报以及证交会文件对所有投资者来说都至关重要。迈克尔·普莱斯曾指出："无论你是格雷厄姆的信徒、一名价值投资者，还是一名追求增长的动量投资者，你都会承认，股价与公司财报高度相关。"他还继续说道:"明白如何读懂最基本的财报,这将有助于投资者集中精力,并避免代价高昂的错误……"

有几本学术著作详细阐述了应当如何分析财务报表。本杰明·格雷厄姆的《解读财报》就是该领域的一本经典著作。接下来我会简要概述阅读财报的基本要素,这里所要强调的是如何使用这些报表。

尽可能地应用年报与表格 10-K

年报主要是为这几类读者编制的:投资者、债权人、公司客户,等等。投资者可以在公司官网上获取公司年报,年报通常由以下几部分构成:

1. 公司远景概述

2. 致股东的信

3. 管理层讨论与分析

4. 财务报表

5. 补充说明

6. 其他信息

其中最重要的部分是管理层讨论与分析。这部分内容简单来说就是管理层如何讨论并分析企业的绩效水平。美国证交会要求企业必须提供管理层讨论与分析,并要求其中的信息不能有任何含混不清之处。管理层讨论与分析要求企业管理层诚实地就以下三方面内容进行讨论:

1. 公司经营结果

2. 公司的财务水平

3. 过去或未来的公司状况，以及有可能实质性地影响公司的不确定
   性问题

年报中的公司远景概述主要是公司希望强调的业务内容。这些内容通常包括公司运营现状、财务状况以及主要产品。致股东的信是一份由高管撰写的备忘录，在这部分内容中，管理层可以对公司未来表达出乐观情绪。而为了体现这种情绪，在致股东的信中管理团队通常会运用极为模糊的词汇来评价公司业务。而财报部分包括公司的历史收入与现金流量情况，以及资产负债表。补充说明部分主要是财务报表的补充信息，往往这部分的信息含量极大，通常包括像财务报表那样多的相关数据。补充说明中通常会有像会计方法、公司承诺、长期负债及其到期日、库存构成以及其他关键性披露。实际上，补充说明往往是管理层藏污纳垢的地方，他们通常将不利于自己的评论放在此处。

财务报表以数据的形式总结了公司的每笔实际交易或变化。通常同样或者相似的交易在不同公司中会以不同的会计方法记录。由于标准并不唯一，公司必须披露用以记录交易的会计方法。这包括库存是采用先进先出法还是后进先出法，以及各种折旧计提方法。在补充说明中，投资者特别关心的就是备注一，因为通常大部分公司都会将自己的会计方法记录在这一条中。公司年报也会包含公司各个部门（如果有多个部门的话）的信息，5 年的经营总结以及季度数据。

大多数的审计报告会附在公司年报中，请同时阅读它们。其中的第

三段尤为重要，因为其中包括审计师意见。审计师可能会出具"清晰""合格"或"负面"意见，他们也有可能根本不发表任何观点，出具"保留"意见。负面评价意味着审计师不认为公司财报是被"公平呈现"的。当审计师做出这样的评价时，他还要出具得出这一评价的具体原因。

表格 10-K：表格 10-K 包含与年报相似的数据。它往往被视为更为完备的信息源，因为这里包括证交会要求企业提供的细节信息。该表可以在公司网站与证交会网站上找到。

表格 10-K 包括四大部分，其中每一部分还被细分为更小的子项。第一部分描述公司的业务，包括公司下属部门更细致的信息，以及公司内外经营状况、产品线等情况。本部分内容还概述了公司资产与公司所涉及的法律诉讼。最后，这部分还讨论了股东投票表决的具体事项。第二部分介绍了公司普通股的表现水平、公司 5 年财务状况的概述，以及管理层对公司财务状况的讨论，还有财务状况的变化情况与公司的经营成果。在表格 10-K 的这部分内容中包括一组财务报表、辅助数据、审计报告以及会计方法的变化，还有审计师的不同意见。报表的第三部分列出了公司董事会成员以及公司执行官、公司管理层福利及其所持有的公司股份，公司主要股东持股情况以及公司管理层与下属分公司的相关关键交易信息。在报表最后的第四部分中，则有相关图表、报表表格以及表格 8-K 报告。

表格 8-K：这是一份非常重要的披露文件，因为它揭示了对股东与证交会都极为重要的信息。这些信息必须在发生的 15 日内披露，而有些事件的披露时间要求则更短，必须在发生的 5 日内披露。这些事件包括公司管理变更，例如未定的兼并收购以及资产处置、破产管理的相关立案情况、公司会计人员变更、其他会影响公司未来方向变化的重要事项、主管人员的辞职情况、有关公司财年中业务交易或变更的事前财务预测。

股东签署委托书：股东签署的委托书包括在股东投票表决前必须向其陈述的信息，同时还包括董事会成员所持有的股份以及薪酬的情况。

从财务报表获取你所需的信息。财务报表对投资者来说，是可用于评估公司经济状况与财务健康程度的最重要的信息来源。公司财务报表包括公司的利润表、现金流量表以及资产负债表。对于大多数价值投资者来说，他们在阅读财务报表前都会充分了解以下三大问题。

第一，他们明白财务报表有时是需要调整的。有的调整是强制性的，例如对每股收益数据进行充分稀释；有的调整是基于情景需要的，针对具体情况调整，以恰当反映目标企业的经济状况；有的调整是投资者自行判断的调整，这有赖于投资者自身对特定行业或公司的经验判断。

第二，投资者要对如何分析数据有所准备，这样才能了解这些数据是如何影响企业的价值水平的。通常来说，投资者都希望从中发现影响公司收益水平与现金流强度的证据。

第三，价值投资者都在寻找"危险信号"。价值分析师会评估公司会计报表与企业实际经济状况的相似程度，而这里所说的"危险信号"是指投资者认为必须进行进一步分析的事项。"危险信号"也可能是公司会计报表相较同行业公司或者其他普遍认可的实践标准存在异常情况。

下面让我们简要介绍一下各张财务报表。利润表报告了在特定期间内产生的公司收入与费用。利润表之所以重要，是因为它为投资者提供了评估公司未来收益的重要信息。众所周知，预测未来收益水平将有助于投资者判断该公司的价值。通过这张报表，投资者就能了解公司的收益能力，即该公司预期获得收入的能力与所获取收入的质量。总而言之，一家公司所记录的收入越高，其收益能力就越强。格雷厄姆曾写道："由于未来无法预测，我们不得不以过去或当下的收益数据作为指导，并将这些数据作为对未来收益进行合理评估的基础。"

现金流量表源于投资者对作为公司业绩衡量标准的报告收益的不满。我将在第3章提到，汇报收益水平的一大问题是，最终数据会受到会计方法的影响，而且可能并不会揭示潜在的现金流情况。毕竟净收入并不等同于现金，而现金流量表的首要目的就是汇报公司当期的现金收入与支付信息。

现金流量表可以提供三大特定领域信息：（1）当期现金的来源。

（2）当期现金的使用情况。（3）当期现金余额的变化情况。通过现金流量表，投资者能了解现金收入与支付的具体情况，但这无助于掌握未来的现金流情况。现金流量表必须结合资产负债表与利润表，才能有助于预测未来的现金流情况。

价值投资者之所以要分析公司现金流，是因为这有助于他们掌握公司收益的质量，当然，这也要结合利润表与资产负债表的情况。此外，分析现金流量表有助于发掘这家企业的基础情况。比如，渴望分红的投资者可以通过现金流量水平判断这家公司内部产生现金流，用以支付股息的能力。现金流分析也有助于投资者了解企业维持业务增长所需的资本。它还能在企业耗尽现金或无法偿还债务时，向投资者发出警示。显然，现金流就是企业的生命线。

现金流量表包括三部分。

1. 经营活动：包括与产品销售或向客户提供服务相关的日常交易。这可能包括销售产品或服务的现金收入，以及向供应商购买存货的现金支出。

2. 投资活动：包括出借资金、收回贷款以及资产买卖。

3. 金融活动：包括从债权人处获得现金，现金偿还债权人，以及提供股息分红。

这三部分都非常重要，但最重要的还是经营活动所产生的现金流。因为它所反映的是公司销售产品与服务的现金收入情况，而这正是公司生存能力的根本体现。如果一家公司的经营活动所产生的现金流并不是其现金的主要来源，那么这家公司就有可能出了问题。因此，对一家公司来说，经营活动所产生的现金流所占比重越大越好。

资产负债表揭示了公司在特定时段下的财务状况，而大多数公司会以 12 月作为财年的终点。资产负债表也反映了公司资源的所有权情况、它对外部的负债情况，以及股份所有者的相应权益水平。从本质上来看，资产负债表概括了一家公司拥有哪些资产，其他外部债权人与投资者拥有该公司的哪些权益。资产负债表中，资产永远等于负债与所有者权益的总和。资产负债表中的资产都是预期能在未来为公司产生收益的经济资源。

资产负债表将公司资产分为三大类：流动资产、厂房和设备（固定资产）以及无形资产。流动资产主要包括现金以及公司其他可以在一年内转化为现金的资产。公司需要流动资产作为公司的燃料，维持公司的基本经营活动。最重要的流动资产包括现金、短期投资、应收账款以及存货。

厂房和设备（固定资产）是指那些拥有较长折旧期的资产，而折旧则是指将一项资产的成本分配到该资产整个使用周期中的会计方法。累计折旧是指某项资产已经被记录的折旧总额。当一项固定资产被计入资产负债表时，它已经减去了之前所发生的折旧额。

无形资产是指公司所拥有的法定权利，这些资产并没有具体对应的实物。它们包括公司商标、专利、特许经销权，等等。在某些情况下这些权利非常值钱。例如，一项专利权可能使公司在接下来的 17 年间通过生产一项新产品来获利，有了这项权利就不用担心他人干预或侵权生产。

　　负债是指公司对于外部债权人的责任。负债有两类，短期负债与长期负债。短期负债通常是指在一年内可以偿付的负债，长期负债则是指那些需要跨年度偿付的债务。

　　股东权益是指股东在该公司中享有的利益。股东权益并非现金，如果一家公司缺乏资金，它是不能从股东权益账户中获取资金的。权益在资产负债表上与负债属于同一侧，而另一侧是资产。权益代表股东对现存资产的求偿权。股东权益账户上的资金已经投入到公司资产中，被消耗掉了。股东权益包括留存收益账户，这是公司经营的累计净收入或损失，扣除任何分发的股息。它是收益的蓄水池。然而留存收益账户并不能反映公司实际拥有的现金量，它仅仅反映公司重新投入到经营活动中的资金量，与之相对的则是分配给股东的股息。

　　资产负债表是价值投资者判断公司财务健康程度的有力工具，然而资产负债表也有其局限性。例如，大多数资产显示的都是初始成本，仅有的例外是应收账款与短期及长期投资。这对于在 50 年前购买土地的公司来说可是个大问题，因为它无法反映这项资产现在的价值。

　　勤勉的价值投资者会为自己能成功理解与应用资产负债表而骄傲，这份报表对于他们来说极为重要。此外，为了更好地分析财务报表，很多价值投资者往往还会使用其他经受住时间考验的可信赖的信息源。其中最为投资者广泛采用的就是《价值线投资观察》所提供的财务与商业数据信息。

《价值线投资观察》：价值投资者的必读课

《价值线投资观察》（以下简称《价值线》）是一家行业知名的投资服务公司，格雷厄姆曾在其著作中反复提到它所提供的数据，而今天，这家公司也在为格雷厄姆的门徒沃伦·巴菲特提供同样的信息。它所提供的出版物是投资圈内最广泛使用的信息源之一，更值得一提的是，其费用即便是个人投资者也完全承担得起。

《价值线》之所以广受欢迎，是因为其组织数据的方式。当投资者从中选取某家公司的一页报告时，就能马上对这家公司是否值得进一步研究做出有效判断。当在问到该如何使用《价值线》时，沃伦·巴菲特如是评价道："我从中受益匪浅，因为这是浏览大量关键信息的最快捷的方式，浏览这些数据能让我知道哪些公司有可能会让我们感兴趣。它也是定期更新数据的一个好方法。《价值线》涵盖了1700只股票，并且每13周就重新审视一遍这些公司。所以这也是一个确保自己不会错过什么的好办法，快速阅读它是获取大量企业信息的极为有效的方法……我们需要寻找关于公司的观点与事实，但到目前为止我没有找到一个更好的方法，其他网站也无法与之匹敌，它为我们提供了公司的信息……我还没发现其他系统能像它这样做得这么好。"

就像其他信息一样，投资者使用《价值线》的方式也不尽相同。每个人都有一套属于自己的评估信息方式。在大多数价值投资者着手进一步研究前，他们会关注以下几大要素。首先最显而易见的是股市图形，尽管从各种角度来看价值投资者不是图形技术分析专家，但图形数据仍然不容忽视。通过图形，投资者可以发掘股东价值，编制公司十几年间的数据，并获取在经济萧条期的股价表现以及股票分拆等其他数据。

其次，价值投资者会把图表从头看到底，认真审视图表最右侧角落里公司的财务状况。在这个角落里，公司会因其财务状况而被标上某个评级，从最优的"A++"评级到最差的"C"评级。从经验来看，除非有特殊情况，价值投资者往往青睐于"B+"或者更好的评级。经验越丰富，能使用的工具越多的价值投资者，越会关注复杂的情况，并更有可能考虑低评级的公司。

再次，价值投资者会关注对企业的业务描述以及相关简评。随着投资者对公司股价历史与财务基本情况的深入了解，他们就能更好地理解公司业务描述以及分析师对于公司所面对的机遇与挑战的评论。

最后，观察关键历史统计数据以及《价值线》所预测的公司销售额、毛利率、每股收益、净资产收益率等数据。这些数据能为投资者提供有关公司价值的直观信息。

其他有助于投资者了解公司的信息包括：公司的资本结构、当期资产负债表 (current balance sheet)、销售与收益变化率、机构与内部买卖情况，以及补充说明中对这些数据如何计算的说明。

运用华尔街的调研数据

绝大部分的华尔街调研报告对揭示公司现实很有帮助，价值投资者之所以使用这些分析公司的调研数据是因为它们富含了真实信息，例如特定行业的竞争情况、行业领先企业的市场份额、财务信息等数据。其中最有价值的调研分析就是行业或公司的首次覆盖报告。实际上，很多同类报告是非常易于获取的。它们被广泛地援引与应用，特别是对于那些特定行业或公司的新投资者来说，这些报告是无价之宝。

然而，对于个人投资者来说，华尔街分析报告并不易于获取。幸运的是，能够简便获得这些调研报告的优势对长期价值投资者而言，不再那么至关重要。价值投资圈子中的专业投资者现在只是将这些华尔街调研报告作为快速而有序地获取大量行业与公司信息的简便途径。在互联网的冲击下，公司与行业组织将其信息置于网上业已成为大趋势，对于个人来说，获取这些信息已经不再那么困难。价值分析师们如今已经不再为如何获取独一无二且优质的信息而忧心忡忡。他们现在真正关心的是如何有效地运用这些发布信息。他们的关注点现在开始转向分析层面。

分析一家企业的三种方法

价值投资者依据公司当下与以往的战略开展分析。他们买入公司所依据的是企业现实，而不是投资者的白日梦。战略分析一直都是公司分析的核心所在。对于价值型或增长型的投资者来说，公司所采用的特定战略都是评估其价值的重要依据。战略涉及企业如何权衡决策，以何种方式来为股东提供一系列特定的价值。在选择为股东创造价值活动的过程中，公司会利用一定的资源。而这些都是投资者在进行企业评估时所要重点关注的。

投资者评估企业的方法有几种，很多方法都有其特定的路数。本书主要介绍三种方法：垂直评估法、ROE 分解法以及现金流分析法。其中，垂直评估法主要是以战略分析为主，ROE 分解法主要是战略与财务指标分析的结合，现金流分析法则纯粹以财务指标为主。

垂直评估法

垂直评估法的基础是公司的利润表（见图 2-2）。对于一家典型的非服务业公司来说通常有六种特定分析工具：（1）行业分析；（2）竞争性分析；（3）制造业务分析；（4）运营分析；（5）税收策略评估；（6）负债分析。

在垂直分析中，共同比报表分析是最为常用的分析方法。共同比报表是一种特定的利润表，其中所有的项目都是以销售额百分比或美元的形式呈现的。共同比报表在投资者比较同行业中的不同公司时非常有用。采用共同比报表的目的之一就是发现利润表上真正该关注的部分。价值分析师试图发现公司毛利率的持续优势，以及这些优势是如何变化的。

在利润表的顶端是销售数据。销售额或收入是指公司通过产品或服务销售而获得资金，尽管有时不同公司对于销售额的定义不尽相同，但销售额数据往往都是在产品或服务向客户提供后再记录的。一家公司如何确认收入是垂直分析的重要组成部分，为了明确这部分内容，价值投资者会关注补充说明中的"收入确认"一栏，以获取相关信息。公司确认销售额的方式往往决定了其获取利润的方式。

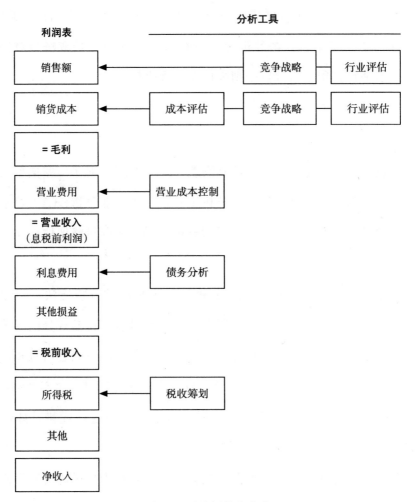

图 2-2　垂直评估法范式

为了更好地理解是什么在影响销售额，价值投资者会采用行业分析技术来评估公司的竞争优势。在进行公司竞争优势分析时，有以下几种工具可供选择，使用何种工具完全取决于使用者自己。某些人喜欢采用SWOT分析，即优势、劣势、机会与威胁分析。有些人则喜欢运用自身对行业的知识与经验，或者运用自己在特定行业中的人脉，以此获得指导意见。有的价值投资者甚至与特定行业从业人员保持经常联系，以确定特定市场领域的情况。举例来说，分析师们通常就很喜欢通过联系他们的私人医生来获知医疗设备行业的最新信息，接下来他们就会将这些知识植入到他们的分析之中。

在投资者中广为盛行的一种行业分析工具就是迈克尔·E.波特教授所发明的行业分析框架。在他的著作《竞争战略》一书中，迈克尔·E.波特详尽阐述了这一框架。波特框架的实用之处在于，它能为不同风格的投资者所用。它的框架主要评估影响行业利润水平的"五力"。这五种力包括新进入者威胁，替代产品威胁，购买者的议价能力，供应商的议价能力，以及行业内部竞争程度。

五力分析对于垂直评估至关重要，因为它们会直接影响公司的销售额，它们对公司产品的销量与价格有着巨大的冲击作用。以新进入者威胁为例，新进入者的加入会严重地影响现有产品的价格。因此，如果某一行业的进入壁垒过低，新竞争者加入的可能性就会非常高，特别是当该行业利润丰厚的时候。在这一阶段，新进入者更有可能以更低的价格加入竞争，于是有潜在可能会驱使行业价格与利润水平下行。替代产品也会给价格带来负面影响，而其影响程度则取决于竞争性替代产品的表现与客户对替代产品的接受程度。

　　购买者的议价能力取决于购买者对价格变化的敏感性以及可供他们选择的方案，它会给行业价格与供应量带来影响。在采购方或客户对于价格极为敏感，且有更多替代品可供选择的行业中，行业利润水平会更低。供应商的议价能力与此相似，但仅有在供应商数量有限的情况下才会存在，除非是供应商的产品对于下游客户或购买者来说至关重要。行业竞争者是重要的行业定价扰动因素，它们最终会影响到行业的利润水平。

　　五力模型对于不同行业的影响程度各不相同。它们对于价值投资者来说至关重要，因为它们直接影响到公司的销量、价格以及生产成本。而这几大因素是企业评估的基本起点。销售额的增长水平取决于销量、价格，而公司的利润水平则取决于单位产品价格水平以及生产成本。

　　在波特的分析框架下，公司有三种超越竞争对手的战略，即成本领先战略、差异化战略以及专业化战略。波特提示管理者，这三种战略要求对公司资源分配进行权衡："有效贯彻任意一种战略都要求全面的承诺，以及组织安排的支持，一旦组织拥有一个以上的优先目标，该项战略的效果就会被削弱。"无论公司采用的定价或者差异化战略如何，将精力聚焦于单一战略的公司往往更为投资者青睐。

　　很多公司都因为管理层的一系列糟糕的收购建议而失去聚焦，变得多元化。彼得·林奇将这种行为称为"更劣多元化"，并建议投资者回避这类公司。然而林奇也承认更劣多元化战略有例外情况，巴菲特的伯克希尔–哈撒韦公司就是例子，这家公司的经营状况非常好，尽管其收购涵盖从糖果店到报业等不同行业的公司。而这归根结底在于管理。

在全面理解了行业动态以及特定的公司获取利润的手段后，投资者就能更好地结合环境评估垂直分析方法中的其他部分。

成本评估：成本评估的目的是分析对公司低成本竞争优势影响最大的成本相关变量。销货成本是指在产品生产过程中所产生的成本。影响成本的变量有很多，其中构成销货成本的最主要因素有三项：制造费用、直接材料、直接人工。制造费用包括间接材料与人工、公共事业费，以及厂房等元素。直接材料是指与产品直接相关的成本，直接人工是指在产品制造过程中直接"接触"产品的实际人工，例如组装线工人。

营业成本控制：公司的营业成本控制评估包括观察一段时间内费用占销售额的百分比情况。营业费用包括销售费用与一般管理费用。销售费用是指与产品或服务销售相关的费用。管理费用则包括与公司运营相关的成本。营业费用的高低往往取决于公司所采用的竞争战略，以及公司管理费用的方式。财务费用是指当债务到期时所产生的利息支付额。

并不是所有的债务对公司来说都是有害的，公司资产负债表上一定数额的债务对公司来说是有益的，因为它能使管理层免于犯下代价高昂的错误，例如采取更劣多元化战略。人们将这一优势称为"债务约束"。对于一家公司来说，是存在"正确"数量的债务的，这样的债务比率有助于使公司免于财务困境，并能在充足的约束下运营，从而使公司利润最大化。当从债务角度分析一家公司时，价值投资通常会采用两项工具：利息保障倍数与负债对资产总额比率。

利息保障倍数一般用于表示公司为支付单位美元利息，通过运营而产生的现金数额。利息保障倍数的水平因行业不同而不同，分析师通常会采用行业领先公司的数据来评估某家公司最恰当的利息保障倍数。而在大多数行业中，利息保障倍数为 1 往往意味着该公司处于无法支付利息的风险之中。而合理的负债对资产总额比率也是依行业情况不同而定的。

垂直分析方法中的其他损益项包括与企业经营无关的交易所带来的资产价值变更。

所得税费用通常决定了股东的投资回报。公司总是希望集中充足的资源，并设法降低税收费用。因此公司的应税计划总是在发生变化。年报或表格 10-K 的补充说明会简明扼要地介绍公司的应税计划。从这些脚注中价值投资者可以更为深入地了解公司的应税计划及其财务影响，以及这项计划的可持续性。

垂直分析法：对于有些优质企业投资者仅根据少数变量就能做出判断。决定公司销售额的关键因素通常也会影响公司产品的销量与价格，如果这些因素是安全可靠的，且没有外界威胁，那么这家公司只要执行现有战略就能稳定地为股东带来收益。

ROE 分解法

净资产收益率（ROE）是公司竞争优势、经营战略与财务灵活性的结果。净资产收益率法，即通称的"杜邦分析法"强调观察公司资源是如何通过利润管理分配的（见图 2-3）。

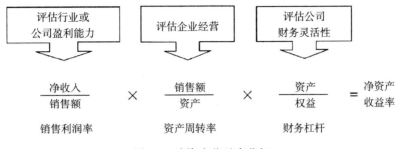

图 2-3　净资产收益率分解

销售利润率（ROS）表示公司销售 1 美元的产品或服务所能获得的利润总额。资产周转率说明的是公司可以从 1 美元的营业资产中获得的收入。销售利润率乘以资产周转率即可得到总资产收益率（ROA）。资产收益率指的是公司能从 1 美元的投资中获得的利润总额。财务杠杆是指投资者通过投资 1 美元股权而能调动的资产总额。

分析公司的特定意图可以厘清公司净资产收益率的组成部分。净资产收益率是一个相对的度量标准，孤立地看待这一收益率，是不利于评估公司的。投资者必须根据竞争环境确定当下的净资产收益率是否具有可持续性。要知道公司与行业都是动态的，它们是在不断变化的。

有三种战略有助于更好地理解一家企业，即公司战略、经营战略以及财务战略。结合三大战略有助于了解企业未来的盈利能力。

净资产收益率分解法：优质企业的净资产收益率会长期高于权益资本成本。而企业只有在拥有真正可持续的竞争优势，或者行业进入壁垒极高的情况下，才能实现这些目标。从长期来看，那些净资产收益率长期显著高于其资本成本的行业会吸引更多的竞争者进入行业，从而降低行业平均的净资产收益率。优质企业所处的行业一定是其竞争者回报水平也极高的行业（尽管它们彼此回报水平不尽相同）。采用 ROE 分解法的好处在于，价值分析师可以通过这种方法了解公司管理层在运用公司资源创造现有净资产收益率时所遇到的问题。优质的企业会将自身资源投入到那些风险较低，且能创造充足回报的领域。

现金流分析法

价值投资者也会使用现金流评估企业，这是一种使用最为广泛的分析技巧。之所以它广受投资者的青睐，是因为它能帮投资者了解公司收益的质量。

人们经常提到现金流这个概念，但这个概念在不同的投资者圈子中有不同的解释，即便在价值投资者之间，对它的定义也不尽相同。最普遍的定义主要有三种：净现金流、经营活动所产生的现金流、贴现现金流。

净现金流是由公司净收入加减其他非现金项目得出的，有时候人们也将其称为现金收益。研究净现金流的目的在于了解公司制造现金流的能力。尽管这项指标深受价值投资者喜爱，但我还是要提醒，在使用这项指标时，人们会假设企业的营运资本账户并不会随时间而发生改变。有鉴于此，很多投资者将目光投向经营活动所产生的现金流，这一方法在考虑净现金流之外，还加入了对资产与负债项目变化的考量。

最后一类现金流被称为贴现现金流（DCF），贴现现金流将未来各期的现金流收入按一定利率折算为现值。之所以采用贴现现金流量，是因为它考虑了货币的时间价值。贴现现金流量法通常被作为一种估值工具，而不是"评估"企业的工具。

对价值分析师来说，最有用的现金流资料还是源于上市公司的证交会文件。财务报表中的现金流量表包括三部分：第一，经营活动所产生的现金流，是指公司为客户制造产品或提供服务的过程中，在扣除成本后所产生的现金流；第二，投资活动所产生的现金流，是指资产买卖交易过程中所产生的现金流，以及资本支出所须花费的现金；第三，融资活动所产生的现金流，即从债券或权益市场获得的资金额。

价值投资者在以现金流方法评估企业时，通常会提到自由现金流。自由现金流是指公司净收入加上非现金项目（包括折旧、摊销），减去强制性或约定的现金支出（如资本支出）。

投资者希望通过现金流趋势法发现以下重要问题：公司内部现金流相对于同类公司有何相对优势？该公司能在不损害公司财务灵活性的前提下，偿付其短期债务吗？该公司所依赖的外部融资渠道是什么？这会影响到公司的风险水平吗？

如何用现金流方法发掘优质企业：优质的企业能创造出持续而有力的现金流，并能将它以股息或股份回购的形式传给股东。一家优质的公司有着能精明利用、分配现金流的优秀管理层。对于所有其他类别的分析师来说，无论他们分析的目标是行业还是公司经营层面，都必须认真关注公司维持与改进现金流变化趋势的能力。

企业质量预警信号

当评估公司收益的质量时，价值投资者会关注一些预警信号。下面列出的是 15 个常见预警信号，投资者一旦识别出了这些信号，就应该依此展开更深入的研究分析。

1. 该公司采用与同行业其他公司都不同的会计制度，例如对收入的确认上。会计制度的变更通常能在表格 8-K 文件的补充信息中看到。

2. 将增加每股收益作为单一的管理层激励措施，并且对会计处理小心谨慎。管理层激励措施可以参照公司表格 10-K 与股东签署委托书。

3. 在表格 8-K 或近期填报文件上有对预估、会计或财务政策的无正当理由修改。

4. 存在为了实现会计目标（如收益增长）而制定的特殊业务安排与交易结构。好的起点是表格 10-K。

5. 致股东的信没有充分披露公司的战略业务与其经济成果。致股东的信位于公司年报中。

6. 管理层没有在管理层讨论与分析中讨论上一年度的糟糕业绩表现。管理层讨论与分析位于表格 10-K 或者公司年报中。

7. 出现会计变更，这样的内容会出现在最近的文件的补充说明中。

8. 存在可以增加收益额，但无法解释的交易行为。仔细审视补充说明就可以发现这一不确定性问题。

9. 与销售增长相关的存货出现异常的增长。这样的问题会出现在利润表的最后部分与资产负债表上。

10. 与销售相关的会计应收账款出现异常的增长。请仔细审阅利润表与资产负债表。

11. 净收入增长快于经营活动所产生的现金流。仔细审阅最新的利润表与现金流量表。

12. 账面上存在预期之外的冲销或注销。这样的问题可以在公司年报或表格 10-K 上发现。

13. 第四季度报表出现了大幅度调整。请参阅公司年报与表格 10-K。

14. 公司向其客户发放贷款，或者拥有客户的大量股权。请审阅表格 10-K。

15. 公司改变了任何有可能增加收益水平的成本计算方式或其他重大项目。请审阅表格 8-K 或者年报与最近的 10-Q 季报中的补充说明。

评估管理层

股东希望公司管理层能像公司所有者一样思考行事，这也正是价值投资者所期望的。评估管理层水平更像是一门艺术，而不是科学，而且价值投资者往往会将自身的个人经验加入分析之中。对于一些专业投资者来说，当面会见公司首席执行官（CEO）是分析的必要步骤，而有的机构投资者则喜欢与公司 CEO 进行电话沟通。但是对于大多数投资者来说，他们是无法奢望见到公司 CEO 的。幸运的是，沃伦·巴菲特为个人投资者提供了评估管理层的指导意见。

他的意见是阅读公司年报，并进行逐年比较。尽可能地追溯较早的年份，以此判断管理层是否兑现了之前的承诺。沃伦·巴菲特还建议投资者要比较该公司与其竞争对手的年报。管理层的信誉至关重要，而对管理层来说积累信誉的最好方式就是兑现自身的承诺。价值投资者通常会通过回顾管理层以往的致股东的信以及公司财务报表来评估管理层是否兑现了以前的承诺。

在分析财务报表时，有的投资者采用附加经济价值法来判断管理层的决策能力。该方法可以简单地发现管理层是否能从现有投资中获取高于资本成本的超额回报。附加经济价值法是将公司的税后营业收入减去资本成本，具体公式如下：

$$EVA = 税后营业收入 - （资本成本 \times 现有资本）$$

该方法之所以广受欢迎，是因为它可以判断管理层是否具备谨慎配置资本的能力，这项指标还可以与管理层报酬相挂钩，成为重要的高管激励手段。

评估企业案例：赫曼米勒公司

1999 年 1 月 28 日，赫曼米勒（Herman Miller）公司宣布了其第三季度的收益情况，尽管股东期望该数据会增长，但从长期趋势来看，该数据却出现了短期的下滑。该公司还声明发现其美国与海外市场的产品线存在缺陷。在这一背景展望之下，赫曼米勒公司宣告公司会采取一系列举措以削减成本。

华尔街对此迅速做出了反应，在 7 个交易日内将该公司价值下调了33%。在经历了连续 14 个季度的优异季度表现后，现在投资者想要离场了，欢宴就此结束。该公司市场价值的大幅下跌吸引了包括我自己在内的众多价值投资者的关注。

我审阅了最新一期《价值线》对该公司的报告，并感到受益匪浅。赫曼米勒公司是家盈利状况良好的公司，财务状况良好，而且公司远景预期也很好。在重新审视了该公司股价下滑的原因后，我觉得有必要进一步审视、研究这家公司的情况。我收集了这家公司近期的 10-K、10-Q、年报、股东签署委托书，以及该公司的网站信息，同时也收集了它的两家竞争对手的以上全部信息。

凭借着手头上的几份证交会文件，我用两种不同的方式评估赫曼米勒公司：现金流分析法、ROE 分解法。据此我得出结论，公司拥有稳定的自由现金流，并为股东权益带来了大量回报（见表 2-2）。

表 2-2　赫曼米勒自由现金流与净资产收益率分解

	1995	1996	1997	1998	1999E
净收入	32	57	85	128	140
非现金项目	40	45	48	51	50
减资本支出	63	54	55	74	80
自由现金流	9	48	78	105	110
市销率	3%	4%	6%	8%	8%

（续）

	1995	1996	1997	1998	1999E
资产周转率	1.8	1.9	2.1	2.1	1.9
总资产收益率	5%	8%	12%	16%	15%
杠杆倍数	2.0	2.3	2.4	3.2	3.5
净资产收益率	11%	19%	29%	50%	53%

注：前4项内容的单位为美元。

为了搞清楚这个分析结论意味着什么，我先回顾了整个行业的竞争动态。我发现赫曼米勒所处的行业并不像我之前设想的那样具备周期性。在过去这个行业有着17年的增长，而仅有1年的负增长。实际上，办公家具行业的增长率是美国经济增长率的1.3倍。

促成如此增长率的原因有几个，例如美国经济整体在向服务业导向转型，白领雇员人数与公司利润都随之而增长。随着行业的增长，赫曼米勒公司的市场份额也节节攀升。到1995年，它已经占据了行业市场份额的9%，在接下来的两年其份额攀升至11%。

评估赫曼米勒的管理层

通过公司公告，我得出结论，管理层对于这几个增长因素的短期下滑都有着充分的准备，并清楚该采取什么措施。实际上管理层已经迅速做出了计划，以缩减成本，应对潜在的增长放缓带来的影响。

为了更深入理解管理层未来的规划与判断，我仔细阅读了近期的管理层讨论与分析。从了解公司的日常内部条例，到进一步了解公司持续追求股东价值的企业文化。赫曼米勒使用的是附加经济价值法。

·················· **赫曼米勒的 1998 年表格 10-K 摘要** ··················

首先，让我们回顾一下赫曼米勒公司又一个创纪录的财年。公司的附加经济价值增长创下了纪录，净销售额、新增订单数、净收入、每股收益、经营活动产生的现金流以及向股东返还的现金方面也都创下了纪录。

如果你在过去的几年曾长期跟踪我们公司，就应该了解我们是在两年前采用附加经济价值法（EVA）作为评估工具的，以确定我们是否为外部股东与内部持股员工创造了价值。来自外部的独立市场调研报告显示，相对于其他评估工具，附加经济价值更能有效反映股东价值。

简而言之，附加经济价值（EVA）反映的是扣除企业资本支出后的税后利润，作为一种应用工具，EVA 的最大优势在于将管理层的注意力集中于资产负债表与利润表上。EVA 导向意味着公司在向市场争取稀缺的资本资源，而管理层的任务就是有效发挥这些稀缺资源的作用，并尽可能地为股东获取回报。这就要求管理层着眼于投资收益率高于来自外部投资者的资金的成本。只要投资收益率高于股东的资本成本，那么股东就会获得远超预期的收益。

在这里，管理团队想要发出的信号是，他们会像公司所有者一样思考问题，并且公司现有激励机制也鼓励他们为股东创造价值。这家公司还主动与投资圈分享他们计算 EVA 的结果。这些信息很重要，因为这意味着价值投资者可以追踪企业发展的进展，并预测公司未来的附加经济价值。专业的分析师与能够接触管理团队的人可以利用这些数据来应对关键问题。

　　赫曼米勒当年创造的 EVA 增长了 91.5%，高达 7840 万美元（见表 2-3）。而接下来的讨论会解释为何这家公司在过去一年里如此幸运。在管理层讨论与分析中，投资者需要留意那些可以体现一家公司是否理解股东价值的关键因素。同时在其中也能看见管理层对所处行业的见解，投资者要仔细留意管理层对有关行业的判断，因为在这里面能看到他们对自己所处行业的前瞻性论述。

表 2-3　赫曼米勒的 EVA

（单位⊖：千美元）	1998	1997	1996
营业收入	208 295	130 683	74 935
调整：资产剥离 / 专利诉讼		14 500	16 535
非资本化租赁利息费用	4 166	4 500	4 316
商誉摊销	6 161	4 725	4 115
其他	13 765	5 093	3 071
储量增加	1 290	18 649	6 548
资本化设计与研究	2 101	2 819	1 984
调整后营业利润	235 778	180 969	111 504
现金税	−90 703	−72 091	−34 561
税后净营业利润	145 075	108 878	76 943
加权平均使用资本	606 018	617 727	605 438
加权平均资本成本	11%	11%	11%
资本成本	66 662	67 950	66 598
附加经济价值	78 413	40 928	10 345

　　⊖　除加权平均资本成本为百分比以外。

····················· **赫曼米勒的1998年表格10-K摘要** ·····················

我们更进了一步，将EVA与激励性薪酬挂钩。这既包括高管激励薪酬计划，也包括各业务部门的所有员工持股收益分红。使用基于EVA的计划将员工考核重点从预算绩效转移到股东价值的长期持续改善。EVA目标中有的因子会逐年递增，所以员工必须完成越来越高的EVA目标，才能获得与往年相同水平的激励薪酬。董事会还设定了连续三年的EVA改善系数。

今年，我们将管理层对驱动EVA改善的商业要素的讨论呈现在此文件中，我们认为这至关重要，因为EVA不只是衡量公司成果的工具，也是评估潜在商业机会的手段。此外，我们也希望投资者能对公司未来的增长有一个清晰的图景，这个增长既包括净收入，也包括EVA，两者结合最终会让我们的投资者受益。让我们从今年的EVA结果评估开始吧。

第 3 章

价格与价值评估

成功运用并倡导价值投资的
人，很明白其他人为什么会按他们
自己的方式投资，并趁机利用他们
的所作所为致富。

——马丁·惠特曼

如果一只股票的价格是每股 20 美元，那么对价值投资者来说，这意味着什么呢？如果 A、B 两家公司的股票都是 20 美元，那么究竟孰贵孰贱呢？总而言之，我们在评估股票的价格时，都会考虑一些因素，毕竟股票的价格评估可不是空穴来风，无源之水。

在了解价格之前，投资者必须先了解股票价格背后的企业，以及评估企业价值的标准。第 2 章所讨论的正是这个问题。而本章的主题则是如何解释价格，以及决定价值的因素。这既是一门科学，更是一门艺术。一旦拿到企业的相关资料，并判明公司好坏之后，价值投资者就要评估市场为这只股票给出的价格是否合理，并判断自己觉得合理的价格水平。

回到刚才提到的 A 和 B 两家公司，尽管股价都是 20 美元，但是经过对某项标准的评估后，可能会发现一只股票价格偏贵，而另一只则很便宜。这些衡量标准可能是市盈率，也可能是市净率。而投资博弈胜负的关键，就在于能否做到低买高卖。显然，只有在投资者理性地理解了评估企业的工具与度量标准后，才有可能理解价格。

鉴定价格即理解价值

要理解价格的本质，就要理解理性的投资者如何评估企业价值，以及这样评估背后的原因。尽管理性投资者赖以评估行业与企业的工具俯仰皆是，但价值投资者对自己使用的工具必须心里有数，并且牢记一点——今日适用的标准未必适用于明天。

在决定使用何种评估标准后，还要了解特定企业呈现出相应价值的原因，这得做些功课才能得到合理的答案。企业被低估的原因有很多，从收益减少，到管理层表现不佳，各种原因层出不穷。

为了合理评估公司的股票价值，投资者需要投入精力收集必要的资料，以了解企业整体状况，以及其他理性投资者评估这家企业的基准。你必须先人一步，看见这家企业股票潜在买家明天会看到的信息，以及他们赖以评估股价的基准。因此理解并领会价格就必须明白估值方法，二者是紧密相关的。

在对企业进行估值时，不同投资者对于使用什么工具，如何利用这些工具的看法千差万别，有的人可能喜欢用市盈率分析，而有的人则更偏爱贴现现金流量法（discounted cash flow, DCF）。对估值工具的偏好与运用因人而异。

例如，有的投资者会花更多时间了解某企业未来三四年的情况。对此，华尔街有很多专业机构专门提供企业新闻与研究报告。

投资分析师利用这些数据来对企业估值。然而价值导向的投资者可能对这些未来可能出现的盈利情况并没有太大兴趣，他们更关注当下的现金流与盈利状况。

估值：思考工具

为了评估企业的公允价值，价值投资者会考虑采用三种评估方法，在分析特定企业的时候会选择最为合适的工具。当然没有任何估值工具是完美无缺的，它们都有或多或少的问题。总体来说这三大类是：乘数估值法、可比资产法与可比交易法。

在这三种方法中，乘数估值法最为常用，因为使用起来最为方便。但有些人使用的时候过度简化，从而误用了这一方法。价值投资者应该明白，在乘数估值法背后，是对企业很多基本面的复杂问题的反应。

估值工具总体来说分为几类：以比较为基础的估值工具，通过分析同类企业价值来评估特定企业价值；以资产为基础的估值工具，重视企业内在价值；以交易为基础的估值工具，以其他同类企业的交易出售价格，评估特定企业价值。

当然，价值投资者不会在分析一家企业的时候使用所有估值工具。实际上有的工具还颇具争议。就如同在工具箱里选工具一样，需要视情况而定。下面，我们要讨论具体工具的适用范围，以及不适用的理由。

至于各类工具孰优孰劣，具体适合什么场合，还是要由投资者自己做主。

以比较为基础的工具

以比较为基础的工具，会对特定企业与同类企业做出比较。这套方法包括一系列用于判断企业价值的工具。最常见的工具有市盈率（P/E）、市净率（P/B）、企业价值倍数（EV/EBITDA）、市销率（P/S）以及企业价值收入比（EV/R）比率。这里我们先探讨最常见的价值衡量指标：市盈率。

市盈率：市盈率是最为便利的企业估值工具，因为计算所需的数据简单易得。市盈率的定义为："每股价格"除以"每股收益"。

虽然这个公式很简单，但市盈率还是有几种不同的计算方法，无论使用哪种，分子都是每股价格，分母则有几种不同可能。例如，每股收益可能是以往 12 个月的每股收益，最近财年的每股收益，也可能是推算出来的未来每股收益。

市盈率使用最多的地方是比较两家相似的企业，这种企业称为可对比或成对公司。之所以进行比较，是为了确定股票的相对价格情况。然而并不存在两家完全一样的公司，公司间的产品线或者财务杠杆等都会有所差异，所以找到非常适合的完美公司简直难于登天。

在比较市盈率时，会遇到以下问题：两家公司成长历程不同，其中一家可能是自然渐进、缓慢增长，而另一家则可能是通过兼并收购快速圈地增长；两家公司采用不同的会计方法，会大大影响到市盈率的统计口径。

能影响市盈率的因素有很多，各个行业所能适用的市盈率也不同，因为行业增长速度存在差异。投资者可以在特定的风险／回报情况上计算企业的相对市盈率。

我们可以用大盘整体市盈率为基准，计算某一企业的比较市盈率。这样的比较市盈率有两种用法，比如用来与该股的历史市盈率做比较。例如，如果某家公司的市盈率长期比大盘市盈率低10%，而当下市盈率比大盘市盈率低25%，那么股价就算比较便宜的了。另一种方法是根据行业平均市盈率来计算当前企业的比较市盈率。比较市盈率在价值投资者中使用得并不频繁，很多人不愿意使用这个指标，比起相对数值，他们更偏爱绝对数值。因为当整体市场股价高涨的时候，价值投资者宁可持有现金，也不愿意冒很大风险买高价股。

市盈率还有一个很大的缺点，就是当收益为负时，就不能通过这个指标来判断股票价值。有的分析师喜欢用未来预估收益来计算市盈率，比如常见的未来5年的预估收益。未来预估收益可以参照一些机构公布的数据。然而这种方法也有问题，这要求所有用于对比的企业都有未来5年预估的收益数据可供查询，而预估数据往往又很难做到精准。所以对于当下无法盈利的企业，价值投资通常不愿对它们的盈余状况做预估。沃伦·巴菲特曾说过："估值计算的是现金，而不是梦想或预期。"

此外，虽然市盈率是股票估值的最常见方法，但局限性很大，在评估企业的经济价值时尤其如此。用以计算市盈率的收益通常会有三个方面的问题：

第一，企业采用的会计方法，对收益影响很大。比如两家同行业的公司，即便毛利率相同，但因为会计方法不同，收益结果也可能天差地别。这些差异最常出现在存货的计算（"先进先出法"还是"后进先出法"）、折旧计划（"直线折旧法"还是"加速折旧法"），甚至企业并购的报表合并（"购买法"还是"权益结合法"）上。而像现金流估值方法等工具则很少会受会计方法的影响。

第二，使用市盈率计算公式中的收益并没有考虑企业自身的财务风险。比如两家公司每股收益都是1美元，但背后的财务风险却全然不同，其中一家公司可能正在利用公司信用快速举债扩张，而另一家公司可能只能靠经营所获的自有资金运营。

第三，收益在本质上并不代表企业的"现金"情况，因为收益不包括那些促成企业成长或者使企业能够持续经营的投资项，收益计算不包括像资本投资这样的投资项，而资本支出是一个很重要的会计科目，在对企业估值的时候是无论如何都不能忽略的因素。虽然折旧费用已经体现在了收益计算中，但由于它不属于现金科目，会造成企业价值的不合理减少。在计算企业估值时，投资者一般会把折旧费用加回来，并把资本支出扣除。

虽然问题重重，但很多人仍然认为市盈率是衡量股价的最好指标，主要是因为获取与运用起来方便。而对于价值投资者来说，市盈率只不过是众多工具之一，它只适用于某些特定情况，而这些特定情况取决于企业的经济状况。

市盈率最适用于评估财务健全的企业，而且要求这些企业在短期内（1～3年）没有预期的资本支出。然而历史经验显示，收益并不能推动股价，长期来看影响股票市场表现的是企业管理团队对现金流增长的影响，而不是单纯的会计账面收益。

市净率：市净率是指每股价格与每股账面价值的比率，简称P/B。分子是股价，没有什么问题，而分母每股账面价值则比较棘手。如果企业发行不同级别的股票，比如普通股和优先股，那直接比较二者的市净率，就有可能是"鸡同鸭讲"。为此，一些投资者不考虑优先股的情况，在计算账面价值时只考虑普通股。

对于用什么数据表示账面价值也有争议。企业每季度会更新账面价值数据，一些投资者会使用最近三个季度账面价值的平均值，有的则直接使用近期年报上的账面价值计算P/B值。如果企业资产负债表近期发生重大变动，有的投资者就会选用最近公布的数据。需要指出的是，很多公司的最新数据往往反映季节性因素，所以对账面价值会有高估或低估的可能。此外，由于中期报表不需要注册会计师审核，很多投资者更愿意使用年报上的账面价值。

市净率是投资分析师最喜欢使用的投资指标之一，与市盈率一样，市净率的意义简明、易懂，便于使用。这有助于投资者对企业合理估值，并将其与市场价格相比较。

账面价值、资本净值与股东权益的含义基本相同。此外还有一项名为

"权益"的价值指标，称为股票市值，股票市值是资本市场中的交易者依照现金流及收益为股票给出的价格。企业资产负债表上权益的账面价值是指资产减去负债的余额。而市场对企业股票价值的判断，很大程度上取决于人们的心理预期。而账面价值则受企业所采用的会计方法影响。

具体来说，资产的账面价值指的是获得资产的价格减去累计折旧。同理，负债的账面价值指的是负债的初始价值。账面价值之所以不同于市值，是因为前者是企业历史成本的反映，而后者则是不断变化的市场评估价值。

市净率的另一个优点是，它能用来评估收益为负的企业，而在这种企业上，市盈率就毫无用武之地了。虽然市净率不适合用来评估账面价值为负的企业，但这种情况极为罕见，所以市净率的应用更为普遍。可惜很多投资者并没有正确使用这些工具，他们的判断标准过于武断，缺乏变通。他们认为：股价低于账面价值就值得投资，反之，则是价格被高估了。

为此，我们来看看市净率的缺点。因为账面价值会因为会计方法不同而产生差异，所以企业管理者就有可能利用会计手段达成某种他希望投资者看到的结果（比如利用折旧法）。价值投资者必须留意企业的折旧法，并将它与同行业的其他企业做比较。如果某家企业的折旧法与其他同行都不一样，那这时候市净率就派不上用场了。另外，当评估企业是高新技术企业或者处于服务行业时，市净率也很难发挥功效。因为对这些企业来说有形资产的重要性会降低，对它们而言，经营理念与人力资本似乎更为重要，但这些都难于被量化。

　　企业账面价值评估也会受到企业发行期权的影响，发行大量期权的企业，其价值很有可能被严重高估或低估。未将期权纳入估值过程中也会造成股票市值的低估，在计算市净率的时候，价值投资者通常也会考虑期权市值的影响，从而将期权市值加到股票市值当中。

　　为了避免估值存在重大偏差，除了账面价值以外，投资者还要考虑股票回购计划，以及近期的潜在兼并收购计划。公司回购自己的股票会减少股票的账面价值，就和发放股息一样。实际上某些股票的回购计划就相当于另一种形式的股息。但回购计划涉及的资金往往远大于发放股息，所以对公司的账面价值影响也更大。

　　市净率与人们所采用的企业分析方法间存在特殊的联系，其中它与净资产收益率分解方法间的联系最为显著。实际上净资产收益率会为市净率带来重大影响。例如，当净资产收益率下降时，账面价值就会减少，市净率也会下降。就像其他乘数估值法工具一样（例如市盈率），它们都有自己适用的行业环境。对于市净率的高低，每个行业都有各自的标准。而如果在相同行业内的两家企业，它们的市净率却迥异，那原因就很简单了，这两家企业的风险、成长速度与净资产收益率的情况一定是有差异的。

　　有的投资者认为，正是因为净资产收益率与市净率之间存在显著联系，所以非常适合用这个指标来寻找价值被低估的企业。净资产收益率偏高的股票，市净率肯定也会偏高，反之亦然。所以，净资产收益率偏高而市净率乘数偏低的企业，是价值投资者最感兴趣的投资对象。

在超额现金流量回报的基础上，市净率受企业股东权益成本影响。从历史上看，股东权益成本越高，市净率就越低。问题的关键在于超过股东权益成本的超额股东权益回报。因此，如果企业的净资产收益率较高，而股东权益成本却非常低的话，市净率就会偏高。从投资的角度来看，净资产收益率越高越好。换句话说，净资产收益率与股东权益成本间的差异越大，市净率就应该更大。

与其他乘数工具相比，市净率与净资产收益率间有密切联系，因此可以动态反映企业状况。原因在于当企业的净资产收益率发生变化，市净率也应当随之变化。企业越能提高净资产收益率，其股票的市净率也越高。

企业价值倍数（EV/EBITDA）也是投资者常用的一种评估工具，该指标是公司价值与息税折旧摊销前收益（EBITDA）的比值。为了了解这一指标的运用方式，让我们先从计算公式的分子与分母开始。

市盈率或市净率在本质上是衡量股票价值的工具，它们不能衡量企业的价值，而企业价值倍数则不同。尽管市盈率与市净率都是有用的工具，但仅仅使用这些工具是不够的，真正的价值投资者一定要考虑企业的内在价值，即企业价值。在计算时，需要将公司市场价值（市值）加上负债总额，最后减去现金。这是企业的兼并收购者所愿意为企业支付的价格（包括控制溢价部分）。

在计算这个指标时，现金往往令人头疼，所以人们通常把现金计算排除在外。这是基于两点考虑：第一，企业价值是所有者权益与负债价值的总和。负债剔除现金后，剩余部分反映的是负债的"净值"，即所谓的绝对债务。第二，这个理由稍微复杂，利息收入并不包含于 EBITDA 之中，因为利息收入是闲置资金上赚取的回报。既然分母不包含现金，那么分子也不包含现金才会比较合理。

该指标也适用于非上市公司。原因有两点，第一，这项工具可以适用于收益极低，甚至为负的企业。第二，各个企业选取的折旧方法并不相同，而 EBITDA 会将折旧加回来，这样就可以比较不同企业创造现金的经营能力。

当然，企业价值倍数也有很多缺点。例如无法评估控股子公司的价值。另外，如果公司拥有其他公司股权，也不适用于这个指标。如果所持股权属于少数股权，EBITDA 就不会包含所持股权的收入，但分子却会包括这部分有价证券的股权价值。因此会导致企业价值倍数偏高。相反，如果公司是其他公司的大股东，那么分母就包括其控股子公司的所有收入，可分子只包括股东权益的一部分，这会让企业价值倍数偏低。在这种情况下，投资者应当将相关因素剔除，然后再考虑企业价值。

在实际运用上，企业价值倍数有一个特有优点，就在于它可用于评估非上市公司。如果在评估时需要考虑上市公司与非上市公司间的交易，这个工具就很有用。

不过也有明显的反对声音，巴菲特就曾经说过"企业价值倍数是个非常荒谬的指标，任何拥有大量固定资产的企业，为了确保自身的竞争力，一定会将大量资金用于再投资计划。而这个指标并不考虑这些情况，这是很愚蠢的。可这并不能阻止很多人继续使用它，并用其推销标杆产品。"

据穆迪在 2000 年 6 月提出的针对该问题的报告，如图 3-1 所示，20 世纪 80 年代人们开始普遍接受由杠杆收购带来的 EBITDA 概念。折旧与摊销由于属于非现金费用，可以用于冲减企业债务。但是，EBITDA 也有被滥用的情况，很多人将其用于该指标并不适用的领域。

图 3-1　EBITDA 与利润表比较

包括价值投资者在内的很多投资者在滥用 EBITDA 时，往往会忽略其缺陷。EBITDA 的其他缺陷可参照本书附录 C。下面仅列举穆迪报告中所指出的问题（相关内容已经获得穆迪公司授权）。

穆迪列出的 EBTIDA 作为现金流计量工具的十大缺陷

1. EBITDA 忽略了营运资本的变动情况，当营运资本呈增长趋势时，EBITDA 会高估现金流。

2. 用 EBITDA 衡量企业流动性，会得出错误结论。

3. EBITDA 不考虑必要的企业再投资，特别是忽略了生命周期较短的资产的再投资。

4. 从 EBITDA 不能看出收益的质量。

5. 靠 EBITDA 分析企业兼并收购问题是远远不够的。

6. EBITDA 不能区分不同会计方法所造成的现金流问题：并非所有收入都是现金。

7. EBITDA 也不能公允地衡量使用不同会计方法的企业。

8. EBITDA 对债务契约的保障有限。

9. EBITDA 可能完全不能反映企业的真实情况。

10. 对于很多行业来说，EBITDA 完全不考虑行业特性，不适合作为该行业的分析工具。

在了解 EBITDA 的局限后，投资者才能有效使用企业价值倍数。在此我们需要特别注意三个变量：税率、折旧摊销、资本支出。很多人认为税率较低的企业，其企业价值倍数会偏高，同理，他们也认为折旧摊销较高的企业质量较差，所以企业价值倍数会较低。最后，在资本支出上，更多使用 EBITDA 计算资本支出的企业价值倍数会较低。另外，资本支出的投资回报率必须要高于企业资本成本。

基于这几点顾虑，谨慎的投资者可能会发现，这种方法并不适用于拥有必要资本支出的企业，同样也不适用于采用不同折旧法的企业间的比较。

正如穆迪报告所指出的，在合适的情形下，EBITDA 确实有其优点。例如，如果企业并不是处于经济周期下行区间，那么 EBITDA 就是很好的分析工具。最好将 EBITDA 拆分为营业收入（EBIT）和折旧摊销费用，再进行分析。EBIT 占比越高，企业现金流越稳定。EBITDA 比较适合评估资产生命周期较长的企业。

重要评估指标：企业价值收入比（EV/Revenue）与市销率（Price/Sales）。 企业价值收入比就是企业价值与收入之比，其中的企业价值包括负债与所有者权益。市销率则是股票市值（股价乘以流通股数量），除以销售额或者收入。

企业价值收入比与市销率是从销售角度评估企业价值的基础工具。企业价值收入比与市销率较高的企业，股价相对较贵，反之则股价相对便宜。和其他简便的指标工具一样，企业价值收入比也经常被人滥用。

企业价值收入比与市销率非常相似，价值投资者很少用基于收入的指标。如果偶尔使用的话，也是倾向于使用企业价值收入比，因为企业价值考虑企业的实际价值，而市销率的分子股票市值则只体现了股东权益的价值。一般来说，投资者之所以更喜欢收入指标，是因为这些数据不同于企业价值倍数或市盈率，不易被会计操作掩饰。比如无论采用何种折旧方法或存货法，甚至公司收购的会计方法，都不会影响到企业真实的营业收入。

当然，企业也有可能在计算收入上进行会计舞弊，不过这种情况相对少见。因为企业价值收入比与市销率不会受到会计方法影响，所以数据会较为稳定。价值投资者们相信，比起剧烈动荡的股价，企业价值收入比更能反映企业的真实价值变化。这种"稳定性"是这两项指标的一大优点，这让它们适用于分析那些 EBITDA 为负值的企业。

有的投资者认为，企业价值收入比会优于市销率，因为前者依据收入评估企业价值，而市销率则存在一定缺陷，因为其分子只考虑了股东权益，可分母的收入反映的却是全公司的进项。

而企业价值收入比的分母则是企业整体收入，同样其分子也采用的是企业整体的价值。在使用市销率时，即便企业账面上有太多的债务，仍然有可能出现较高的市销率，可企业价值却偏低。所以在做企业间对比分析时，市销率会忽略资产负债表中的负债部分，而这却是决定企业价值的重要因素。

企业价值收入比与市销率还有一个缺点，就是过度强调收入。如果一家公司的销售飞速增长，即便在销售飞涨背后的毛利率很低，甚至企业处于亏损状态，投资者为公司支付的倍数依然会很高。有的投资者管这种销售增长叫"有害的增长"。决定企业价值的应当是现金流与收益，而不是收入。企业价值收入比则忽略了这个前提，它背后有一种并不见得成立的假设：现金流与收益会随着销售增长在将来的某个时刻兑现。

当投资者使用企业价值收入比或市销率时，就必须加上对公司所处行业增长情况以及公司竞争优势、利润率等因素的分析，这些内容已经在第 2 章内有所讨论。这些分析必须伴随着这两个指标的使用，以避免"有害的增长"，并明确收入的提高能否提升股票价值。

其他评估企业价值的工具。EV/EBITDA 系列指标还有一些变形指标，比如 EV/EBIT、EV/(EBITDA- 资本支出)、EV/ 现金流。这些指标与 EV/EBITDA 大致相同，只是分母有变化而已。比如 EV/EBIT 就是剔除了折旧费用，有的企业会将资本支出用于固定资产维修，这就很像折旧与摊销，这时这个指标就比较实用了。

PEG 指标：华尔街的证券分析师还喜欢用 PEG 指标评估公司价值。价值投资者反而不怎么使用这个指标。虽然如此，但是鉴于这是一个通用指标，有讨论价值，也不可回避，所以我在此主要讨论 PEG 指标为什么不适用于价值投资者。PEG 是市盈率与预期盈利增长率的比值。比如企业市盈率为 30 倍，企业预期盈利增长为 15%，PEG 指标就是 2。这一比率的关键在于，分母中使用的增长率是收益增长率。华尔街的交易员们喜欢用这个指标寻找被低估的企业。当 PEG 低于 1 时，这些投机者就认为股价较为"便宜"。

PEG 自然有其道理，但这个指标不适用于价值投资者。首先，作为分子的市盈率的选取本身会很宽泛，其中的收益可能是历年平均值、最近会计年度值，甚至未来的预测值。其次，作为分母的预期盈利增长，也可能是最近会计年度的增长率，或者是特定时间段内（比如 5 年内）的复合增长率。有的人甚至会拿未来 PEG 说事，声称："基于明年收益计算的市盈率只有 15 倍，而明年的预期盈利增长为 20%，这家公司的股价很便宜。"这种说法很有问题，因为公司增长被重复计算了。当我们讨论第二年的市盈率时已经将预期增长计算在内了。

某些投资者会比较特定行业内公司的 PEG，认为同行业的高 PEG 公司股价偏高，低 PEG 公司的股价偏低。这也是有问题的，比如很多投资者喜欢用 PEG 去衡量高科技公司，因为这些公司增长速度很快。但公司的成长类型是不同的，深入剖析这个问题，会发现问题的关键在于留存收益水平。假设两家公司的成长速度相当，其中一家从留存收益中划拨高额的股息分红，那么对投资者而言，这家支付高额股息的公司增长率就要高于那些将收益全部用于再投资的公司。

只有当企业增长性质相同，而且与增长相关的风险结构也相同时，PEG 指标的比较才有意义。甚至有人认为，只有在企业的增长水平之间有明显差异时，PEG 指标才有意义，否则这个指标就和市盈率一样。我们很难找到成长情况极其相似的两家企业，即便出现这种情况，似乎市盈率也比 PEG 更有效。

将 PEG 用于分析同一行业的不同企业，是非常不合适的。有的公司成长前景乐观，可风险极高，从 PEG 指标来看股价则很便宜。而那些净资产收益率（ROE）偏低的企业，其 PEG 也较低，股价显得很便宜。

而 PEG 的支持者则认为，这项指标简单易懂，而且获取容易，更何况有很多专业投资者也在使用这个指标。尽管如此，我们仍不能将其视为评估企业价值的单一指标，需要与其他评估工具联合使用，而且必须持谨慎态度。最适用 PEG 评估的情况应当是两家企业的收益风险、增长预期，以及留存收益的方式非常相近时。

以资产为基础的评估工具

资产评估工具不是在企业价值基础上开展评估的，而是从特定企业创造的价值，即内在价值为出发加以评估的。其评估的对象是企业的资产。评估资产价值的方法有很多，以下介绍最为有效的一种。

贴现现金流量法：这是在投资者间非常常用的价值评估方法，该方法先预估企业未来一定期限内的现金流，并将其折算为现值。在折算过程中的贴现率取决于企业的资本成本以及当期的无风险利率。这些变量（利率或现金流估值）的细微变化都会显著影响企业的估值。

贴现现金流量法非常适用于评估企业资产价值，这套方法并没有参考股票市场价格，而是考虑现金的时间价值。贴现现金流量法会让投资者从投资资本回报率的角度来考虑投资，投资者必须思考这样的问题：投资资金将来能收回多少？承受目前风险能让我得到补偿吗？

贴现现金流量法要考虑的变量有三个：现金流、贴现率与时间。企业价值就是企业未来所能创造的自由现金流的现值。计算自由现金流的最简便方法是净收入加上折旧与摊销，然后扣除资本支出，可参照如下公式：

净收入 + 折旧 + 摊销 − 资本支出 = 自由现金流

对于计算现值时所采用的贴现率，则需要考虑企业创造现金流的风险。但是巴菲特只采用了单一的贴现率，而完全不考虑具体企业的特殊情况。他曾说："为了计算内在价值，你要把企业未来创造的现金流折算为现值，而就我们的情况来说，我们使用的贴现率是长期国债利率。尽管这个贴现率并不能体现为我们的收益，也没有期待的收益率那样高，但是国债利率的普适性可以用于比较不同企业的价值。假设公司进行长期投资，那么现在投入资金所创造的未来现金流在折算为现值时，时间就更长。如果我们的投资足够聪明，那么未来现金流的增长势必可以弥补过长的贴现时间。否则我们就算不上聪明的投资者。"

对于为何不针对不同企业使用不同的贴现率，巴菲特是这样回答的："我们不会像你们在沃顿商学院学到的那样，从传统的角度思考风险。如果我们能精确地看到每家企业未来的现金流状况，那么其现金流的来源就不重要了，企业运营出租车也好，销售计算机软件也好，从现金流上看，没有什么区别。因为我们所评估的对象：从此刻直至世界末日的现金在本质上没有区别。"

投资者有时还会用加权平均资本成本（WACC）作为贴现率，因为这是企业期望的回报率。计算 WACC 时必须考虑权益和债务。投资者根据具体情况分配权重。所有属于这两部分的资本都必须加以考虑，比如：债券、银行贷款与普通股，资本成本的计算公式如下：

$$WACC = E / Cap \times EC + D / Cap \times DC \times (1 - Tr)$$

其中，E 为企业股票的市场价值。

D 为企业债券的市场价值。

Cap 为资本市值，即 E + D。

Ec 为股票成本，股东要求的回报率。

Dc 为债务成本，借款者所要求的回报率。

E/Cap 为股权融资在资本市值中的占比。

D/Cap 为债务融资在资本市值中的占比。

Tr 为企业所适用的税率。

在使用这套方法时，必须确定现金流所涵盖的时间长度。大多数投资者会以 5 年或 7 年的周期来计算。3 年的时间太短，会使计算结果接近于现金流乘数，10 年的时间又太长了，因为美国企业发展的波动性，10 年后的企业可能会与 10 年前截然不同。

如同前面的工具一样，贴现现金流量法也有优缺点。它显著优于市盈率之类的工具，因为市盈率以每股收益为分母，但"每股收益不能反映人为的会计方法扭曲，企业高管可以选择会计方法来破坏企业长期价值，甚至达成他们所期望的短期股价波动……会计账面收益只有在准确显示企业预期创造的长期现金流时，才适合用于估值。账面的每一块钱的收益并不代表企业所创造的现金流；因此，收益相关方法通常只适用于对企业的初步估值。"

贴现现金流量法自身也有很多问题，比如选择合适的贴现率。另一方面，很多现金流会发生在数年之后，对它们很难做精准评估。这套方法并不适用于很多常见情况，比如处于上升周期的企业、主动进行兼并收购的企业、处于重组阶段的企业，或者拥有大量隐藏或未充分利用资产的企业。

对于处于上升周期的企业，对其现金流进行评估会很困难，因为在上升周期的企业其销售额会随周期波动起伏不定。投资者如何看待周期的高峰与低谷将直接影响评估的结果，只有将预期收入数据做平滑处理，才能避免对企业的分析偏离企业现实。

对于经常通过兼并收购来实现增长的企业来说，这套方法也不适用，可能造成估值偏低等错误结果。企业管理者之所以选择通过兼并收购来扩张，主要是因为这种方式较为廉价。管理层通过兼并收购所节省的成本也是企业产生的一项重要的价值，但从现金流的角度，很难统计这项价值。另外，评估过程所采用的现值贴现率也应当充分考虑兼并新企业所造成的风险。

同样，对于那些处于重组中的企业来说，贴现现金流量法会低估企业的价值。我们会在第 4 章讨论，重组中的企业往往对价值投资者来说是赚钱的大好机会。但是用贴现现金流量法是无法恰当地评估这类机会的，因为现金的贴现率与预期现金流都存在非常大的不确定性。在公司重组的过程中，公司的资本结构与管理层有可能发生巨大变化，有的资产可能被出售，有的部门成为独立的企业，这些都有可能改变企业未来的现金流或企业的风险结构。由于这些不确定性因素的存在，很难根据贴现现金流量法推算出结论。

最后，对于价值投资者来说，他们应当善于发掘企业所隐藏的价值，或者未被企业充分利用的隐藏资产，然而贴现现金流量法并不能达成这一目的。例如闲置土地与尚未履行的许可协议，这些资产是有实际价值的，但因为不产生现金流，所以在贴现现金流量法下就显得毫无价值。所以，贴现现金流量法也只能是一种辅助工具，不能单独使用。

然而，贴现现金流量法依然是一种久经时间考验的工具，只要企业现金流不受周期波动影响，在可预见的 5 ～ 7 年的时间内风险状况不变，这种方法就非常适用于企业估值。

分类加总估值法：这种方法就是将企业划分为几部分，分别用不同的工具估值，然后再进行加总。比如我们评估通用电气公司的价值，有可能需要几种不同的估值工具，分别来估算家电部门、财务部门与媒体部门的价值。对于如何划分企业的各个部门，投资者可以参照表格10-K。依据表格 10-K 与公司年报中的各部门资料，价值投资者就很容易厘清特定公司各部门的业务状况。

以某家企业的年度表格10-K为例，在行业部门一栏中，该表格显示该企业存在三大业务部门，每个业务部门线在表格中都有对应的销售额、税前收益、资产、资本支出与折旧等数据信息。利用这些数据，价值投资者就可以根据部门特性来选择合适的估值工具，并最后将各部分结果加总为整个企业的估值。

以交易为基础的估值工具

以交易为基础的估值工具是以兼并收购为前提对企业估值。这种工具使用起来较为灵活，估值工具大多是收购方普遍使用的方法。可能是企业价值与现金流比率、市销率，贴现现金流量法，等等。具体使用哪种工具，往往取决于所获得的数据。而价值投资者则应该主动寻找类似目标企业的兼并收购先例的资料，这些信息很容易在报纸、互联网与电视新闻中找到。

在收购发生前，通常是不会有明确记录的估值相关数据的，投资者这时只能自行推算。我们有可能会在CNBC新闻上知道，甲公司以7亿美元收购乙公司，但投资者需要自己去找去年或前年的企业预估数据，并以此推算企业收入、收益（盈利）等重要数据，从而才能得出相关的指标。

赫曼米勒公司的估值

1999 年 2 月，赫曼米勒公司的股价为每股 17 美元，我当时认为这家企业是其所处行业中的优质公司，管理者非常有智慧（参见第 2 章内容）。接下来需要讨论的是企业的价值水平如何，每股 17 美元算不算便宜。

首先，需要了解的是这家公司的价格。在计算企业的价值时，需要考虑的变量有公司股价、资本市值以及公司债务与现金流情况，当然还有企业价值。

计算资本市值与企业价值之后，就要估算该公司的收益与自由现金流。

其次，是分析这家公司的 EBITDA，从此前公布的交易数据，可以计算出以 EBITDA 为基础的交易数据，并推算出企业价值。

结合所有资料，就可以大致了解该公司的交易价值与我推算的数值间的关系。

最后，使用三种估值方法进行综合分析：贴现现金流量法、历史市盈率与私有化估值。根据贴现现金流量法，我得出这家公司的股票价值是 26 亿美元。而根据 14 倍历史市盈率计算，该公司的价值为 19 亿美元。最终，通过行业内兼并收购记录推算潜在收购者愿意为这家公司支付的价格，以此推算公司价值。我采用的是 EBITDA 乘数，因为在这个案例中，该指标是最适用的，下面是我的计算过程（见表 3-1 至表 3-9）。

这三种方法合计得出了每股 26 美元的价值，即我在 18 个月后退出此项投资的价格。

表 3-1　赫曼米勒公司的企业价值计算

（单位：除股票价格和股数外，单位为百万美元）

股票价格（单位：美元）	17
流通股数（单位：百万股）	85
资本市值	1 445
加：负债	166
减：现金	115
企业价值	1 496

表 3-2　赫曼米勒公司的自由现金流计算　（单位：百万美元）

	1998 年财报	第二年预估值
收入	1 719	1 800
净收入	128	135
加：折旧与摊销	51	62
现金流	179	197
减：资本支出	74	100
自由现金流	105	97

表 3-3　赫曼米勒公司的 EBITDA 与 EBITDA 减资本支出（单位：百万美元）

	1998 年财报	第二年预估值
营业收入（EBIT）	208	222
加：折旧与摊销	51	62
EBITDA	259	284
减：资本支出	74	100
EBITDA 减资本支出	185	184

表 3-4　赫曼米勒公司估值

	1998 年财报	第二年预估值
市盈率	11.3	10.7
企业价值收入比	0.9	0.8
企业价值 / 自由现金流	14.2	15.4
企业价值 /（EBITDA 减资本支出）	8.1	8.1
企业价值倍数	5.8	5.3

表 3-5　兼并收购估值　　（除支付乘数外，单位为百万美元）

第二年预估 EBITDA	284
收购方愿意支付乘数	8.0
收购方对企业价值估值	2 272.0
减：负债	166
加：现金	115
股票价值	2 221

表 3-6　三种估值方法的综合评估

（除股数和股票价值外，单位为百万美元）

	价值
市盈率估值	1 870
贴现现金流量法估值	2 550
兼并收购估值	2 221
加权平均数	2 214
流通股数（单位：百万股）	85
隐含股票价值（单位：美元）	26.04

表 3-7　赫曼米勒合并利润表

（除每股数据外，单位为千美元）

	1998 年 5 月 30 日	1997 年 5 月 31 日	1996 年 6 月 1 日
净销售额	1 718 595	1 495 885	1 283 931
销售成本	1 079 756	961 961	848 985
毛利	638 839	533 924	434 946
营业费用：			
销售、管理及行政费用	396 698	359 601	316 024
研发费用	33 846	29 140	27 472
专利诉讼费	—	—	16 515
资产剥离损失	—	14 500	—
总营业费用	430 544	403 241	360 011
营业收入	208 295	130 683	74 935
其他费用：			
利息费用	（8 300）	（8 843）	（7 910）
利息收入	（11 262）	（8 926）	（6 804）
外汇损失	270	1 687	1 614

（续）

	1998 年 5 月 30 日	1997 年 5 月 31 日	1996 年 6 月 1 日
其他，净值	1 456	3 196	2 119
其他费用净额	（1 236）	4 800	4 839
所得税前收入	209 531	125 883	70 096
所得税	81 200	51 485	24 150
净收入	128 331	74 398	45 946
基本每股收益（单位：美元）	1.42	0.79	0.46
稀释每股收益（单位：美元）	1.39	0.77	0.46

表 3-8　Herman-Miller 公司合并现金流量表（单位：千美元）

	1998 年 5 月 30 日	1997 年 5 月 31 日	1996 年 6 月 1 日
经营活动产生的现金流：			
净收入	128 331	74 398	45 946
将净收入调节为经营活动提供的现金净额的调整项	140 392	143 772	78 512
经营活动提供的现金净额	268 723	218 170	124 458
投资活动产生的现金流：			
应收票据还款	561 923	449 405	455 973
已发行应收票据	（544 182）	（460 956）	（454 261）
不动产和设备增加	（73 561）	（54 470）	（54 429）
不动产和设备销售收入	870	5 336	13 486
收购支付的现金净额	（4 076）	（9 743）	（5 101）
其他净损益	（7 102）	1 548	（212）
用于投资活动的现金净额	（66 128）	（68 880）	（44 544）
筹资活动产生的现金流：			
短期债务借款	192 808	236 627	517 862
短期债务偿还	（189 619）	（239 417）	（579 613）
长期债务借款	—	—	270 985
长期债务偿还	（70）	（186）	（222 772）
已支付股息	（13 516）	（12 463）	（13 015）
普通股发行	18 529	11 989	12 203
普通股回购与收回	（201 982）	（97 962）	（25 101）
资本租赁债务偿还	（172）	（116）	（250）
用于筹资活动的现金净额	（193 959）	（101 528）	（39 701）

（续）

	1998 年 5 月 30 日	1997 年 5 月 31 日	1996 年 6 月 1 日
汇率变动对现金及现金等价物的影响	519	1 346	352
现金及现金等价物净增加	9 155	49 108	40 565
现金及现金等价物，年初	106 161	57 053	16 488
现金及现金等价物，年末	115 316	106 161	57 053

表 3-9　Herman Miller 公司合并资产负债表

（除股票和每股数据外，单位为千美元）

	1998 年 5 月 30 日	1997 年 5 月 31 日
资产		
流动资产：		
现金及现金等价物	115 316	106 161
应收账款，分别减去 1998 年的准备金 13 792 美元和 1997 年的 12 943 美元	192 384	179 242
库存	47 657	53 877
预付费用及其他	44 778	46 584
流动资产总额	400 135	385 864
不动产和设备：		
土地及改建工程	27 279	26 936
建筑物和改建	156 605	156 002
机械和设备	364 817	346 653
在建工程	47 171	25 991
不动产和设备总额	595 872	555 582
减累计折旧	305 208	290 355
不动产和设备净额	290 664	265 227
应收票据，分别减去 1998 年 8 430 美元的备抵和 1997 年的 8 489 美元	27 522	47 431
其他资产	66 025	57 065
总资产	784 346	755 587
负债和股东权益		
流动负债：		
无资金支票	35 241	25 730
长期债务流动部分	10 203	173

（续）

	1998 年 5 月 30 日	1997 年 5 月 31 日
应付票据	19 542	17 109
应付账款	92 241	76 975
应计负债	221 105	165 624
流动负债总额	378 332	285 611
长期债务，减去以上的流动部分	100 910	110 087
其他负债	74 102	72 827
负债总额	553 344	468 525
股东权益：		
无面值优先股（10 000 000 股授权，未发行）	—	—
普通股，面值 0.2 美元（120 000 000 股授权发行，86 986 957 股和 46 030 822 股在 1998 年和 1997 年相继发行流通）	17 397	9 207
额外实收资本	—	—
留存收益	227 464	292 237
累计折算调整	（9 360）	（10 863）
关键高管股票计划	（4 499）	（3 519）
股东权益总额	231 002	287 062
总负债和股东权益	784 346	755 587

第 4 章

催化剂事件的识别及其效力

我们需要做出重大改变以发掘
价值，要不就要借助他人之力发现
价值。

迈克尔·普莱斯

催化剂事件的识别

不同的投资者对"催化剂"事件的定义不同。一些投资者认为它是一次性的事件，如分拆与兼并。而另一些投资者则对此有着更为宽泛的定义，包括可能引发企业变化的某一事件或一系列事件。根据《美国传统词典》定义："催化剂"可以加速过程或事件的进展。过程是指正在进行的一系列活动。就传统看法而言，事件比过程或一次性的偶然事件的持续时间要短。无论投资者对催化剂的定义是传统的还是相对宽泛的，可以肯定的是催化剂可以带来改变，而这种改变可以最终为企业创造价值。

价值投资者塞斯·卡拉曼是如此解释众多价值投资者看中催化剂事件的原因的，他说："价值投资者总在寻找催化剂事件。因为折价买入拥有潜在价值的资产正是价值投资者的天性所在，所以通过催化剂事件兑现部分或全部潜在价值是创造利润的重要手段。此外，催化剂事件的存在也可以降低风险。"

并不是所有催化剂事件都整齐划一、易于辨别，通常有着"公司价值"催化剂事件和"股票"催化剂事件的区分。公司价值催化剂事件包括公司兼并或收购等企业间的交易。股票催化剂事件只提升了股票价格，没有改变公司价值。那些仅使股价升值而没有影响公司价值的事件并不是真正的催化剂事件，它仅仅是对企业未来变化的感知与预期，但通常并不会带来企业的实质性增长。感知这类催化剂事件最明显的例子就是股票分拆。股票分拆所改变的仅仅是公司流通股数量的变化，并没有影响公司的现金流、增长性和盈利能力。

股票分拆带来的实际影响是，因每股股价的降低而激励公众加大持股。它让投资者觉得公司价格便宜了。然而，尽管股票价格降低了，但投资者用来购买公司真正价值的价格却没有改变。但毫无疑问的是，这项举动扩大了投资者基数，增加了持股人数。

其他的股票型催化剂事件还包括华尔街交易者们所称的"板块轮动"。这类事件是指大型投资者，如机构投资者和大型共同基金，同时买卖某一行业的股票而造成的价格波动。

然而，本书更关注"公司价值"催化剂事件，即仅关注引发公司价值提升的事件，而不考虑这些事件对股价的短期影响。我坚信这些事件所创造的、改变的或释放的价值终将被市场所认知，并能以此认识这些催化剂事件的价值。

接下来对催化剂事件的讨论涉及的范围较广，包含许多对催化剂事件的定义，有从价值投资圈角度出发的，也有从事件的执行者，即首席执行官和管理层角度出发的。

　　催化剂事件种类繁多，会因其效果以及持续期间的长短而各有不同。这类事件可能是基于内部的内生型催化剂事件，也有可能是源于外部因素的外生型催化剂事件。持续期间是指催化剂事件真正发生的时间。一些催化剂事件仅是一次性事件，如资产出售或兼并。催化剂事件也可以根据它是源于组织内部还是外部来定义。塞斯·卡拉曼解释道："有许多力量可使证券价格与潜在价值保持一致。管理权的转移，如发行或回购股份、子公司分拆上市、资本重组和作为最终手段的清算或企业出售，都可以起到缩小价格与价值之间差距的作用。"

　　一些催化剂事件可带来短期或瞬间的影响，同时也带来了各类长期的效益。例如，像第1章详述的那样，瓦里安联合公司的分拆起到了真正的正面影响，其效果远超于由精简企业结构带来的节省。正如公司经理所述，重组促使一系列长效事件发生，并实现了许多既定目标。这些变化改善了分拆后的各家公司的企业文化，因为管理更具针对性。反过来，公司也能给予员工更好的激励。这次分拆也给了每家独立公司一个增加自己的资本并自行开展资产分配决策的机会，以上这些都是长期的效益。

潜在的催化剂事件

　　如图4-1所示，有内生型催化剂事件和外生型催化剂事件。下面是关于这两种催化剂事件的几个例子。

	一次性事件：持续期较短	系列型事件：持续期较长
外生型	全行业： 例如并购活动	周期性行业脱离低谷
内生型	资产出售、 分拆上市、 回购股份	有效的组织变革： 新的业务运营或 企业战略

图 4-1　催化剂事件矩阵

内生型催化剂事件

配备新的管理层。 新的管理或新的管理重点可以成为潜在的催化剂事件，并可以持续发挥效力。新的管理者可以采取一系列的战略以提升股价，如减低成本、重组和资产剥离等。

采取新的公司战略。 价值投资者时刻关注公司战略的变革。虽然这种变革非常细微，外部人士难以察觉，但公司市场的重新定位、产品调整等经常被视为长期影响股票价值的重大而有意义的催化剂事件。

试图寻找这些变化的投资者们必须明确公司新战略的影响对象。公司战略所施加的目标有很多种，其中必须留意的是影响企业成长和盈利能力的经营战略。在迈克尔·波特的《竞争战略》一书中，他提到企业必须在增加收入和提高利润率之间做出取舍，前者可通过低成本战略实现，而后者则要依靠产品差异化。例如，当公司提升产品与服务价格时，他们也可能提升了利润率。但是，由于单个产品价格较高，销售数量可能将受到影响。为了刺激营业收入增长，企业必须在产量与价格之间做出取舍。价格导向企业要求公司必须拥有更好的产品与服务，而数量导向企业则要求更高的经营效率以降低成本。假设其他条件相同，这些举动将促进营业收入增加，并最终带来盈利。

投资者经常利用销售/资本比率分析收入增长的前景。在计算这一比率时，投资者可以在利润表中获取销售数据，在资产负债表中获得资本数据，然后再将二者相除。较高的销售/资本比率限制了企业对收益进行再投资以资助企业增长的需求，从而增加了现金的流动性并最终推高了企业价值。如果这个比例增加，那么企业资本的投资回报也将增加。

不幸的是，这种成功的战略型催化剂事件的效力是短暂的。研究表明，如果公司通过运用一种战略而实现了高回报，那么其他竞争者也会争相效仿，并最终降低这种战略的盈利性。所以，这种战略型催化剂最适用于行业壁垒高、需要投入大量资源并积累大量经验的行业。如果目标公司处于这样的行业，那么公司与股东都将在长时间内享受到这项战略带来的好处。

并不是所有的企业战略都以提高收入为目的。在高回报领域的资产配置的增长也会导致收入与现金流增加。可是在这些领域中资本的大量投入经常以牺牲企业现金流为代价。如果这些领域的配置风险较大，那么这类战略可能导致资本成本的提高，企业价值也会因此而降低。

很多投资者会首先关注投资决策对资本成本的影响，以衡量潜在回报。这一举动的目标是将资本配置到获利较高的领域，同时不会增加资本成本和公司资产组合风险。当企业盈利能力的增长是由资本金增加引起的，并且对企业资本成本的影响有限时，企业的价值将明显提升。如果企业提升盈利能力的方法是进入新领域经营，那么通常风险会提高。这种情况下，公司资本成本的提高将抵消盈利能力提高而带来的收益。

采取新产品战略。现金流的风险可能威胁公司的经营。其中一个重要的影响因素就是公司产品与服务的"黏性"（stickiness）。所谓"黏性"，是指产品与服务吸引顾客重复消费的能力。顾客对于产品的选择越多，公司运营和现金流的风险也就越高，同时导致高企的资本成本和较低的企业价值。价值投资者关注这类可通过增加产品黏性而降低企业经营风险的潜在的催化剂事件。广告同时是公司实现这一目标的手段。

提升运营效率也是一种催化剂事件。着眼于提升运营效率的新战略可成为提升企业价值强有力而持久的催化剂。在特定产业内，企业价值越高，其利润率越高。因此，如果企业可提升营业利润率，使之与竞争对手相同，那么就能为股东创造更大的价值。

完成这一任务的方法有很多，可以提升企业文化来改变运营程序。由此，价值投资者经常以特定行业内盈利能力相对偏弱的企业为目标，因为这类企业可以因效率提升而受益。

管理层偏爱降低成本。为了提高运营效率，管理层常用的方法是降低成本。一般而言，成本削减战略在不影响营业收入和未来增长的前提条件下，可能是比较合理的潜在催化剂。可是，很多企业在降低运营成本时，通常是以削减研究和培训成本，甚至是以牺牲未来发展潜能为代价的。这样的成本削减措施是不明智的，通常都会损害企业的长期发展。

企业价值源自方方面面，例如企业所拥有的技术、人才、产品、培训，等等。把削减成本作为提升企业价值的唯一手段，是非常危险的。事实上，削减成本经常是对管理层破坏企业价值行为的补救手段。例如，企业经常支付过高的价格来并购其他公司，然后又设法降低成本来息事宁人，平息股东的怒火。不幸的是，降低成本的方法很少见效。投资者非常清楚这点。企业对削减成本所做的承诺越大，投资者就必须更加深入地了解真正情况，这往往是某项资产被高估或某位高管薪酬过高的警示。

事实上，对企业来说，区分哪些是可实现效益的资源，哪些是没有实质贡献的资源非常困难。基于这一观念，价值投资者必须花时间研究企业经营者提出的成本削减战略。再次强调，管理层做出的承诺越动听，就越值得怀疑。

新财务战略也是一种潜在催化剂事件。巧妙地降低资本成本是提升企业盈利能力的一种手段。当然企业能通过多种方法实现这一目标，但改变财务战略是常见的可提升企业盈利能力和公司价值的催化剂事件。企业的资本成本是企业债务和股权融资的综合成本。公司价值是公司现金流按资本成本贴现的现值。一般来说，降低企业资本成本可以提升企业价值。为了降低企业资本成本，管理者经常改变资产负债表中债务和股东权益的水平。债务成本要低于股票，因为债权人承担的风险要低于股权持有人。因此，拥有相对较多负债的公司将减少其资本成本，提升公司价值。

但是，过多的债务会使企业陷入财务困境。在不影响公司现金流的情况下，企业降低资本成本才能提升企业价值。这是价值投资者必须考量的微妙平衡。

持续的税率降低可视为重要的催化剂事件。企业价值取决于税后自由现金流。简单明确并可持久生效的税率降低将是提升企业价值的重要催化剂事件。当然，有些税法是管理者不能也不应该回避的。但是，也有合理避税的手段以减轻税负。如跨国企业可利用不同地区税法来调整收入发生地点；并购出现营业亏损的企业为未来收入建立税盾；运用复杂的风险管理手段降低平均税率。风险管理系统可以平滑剧烈波动的收入来避免应用偏高的税率。

一般来说，价值投资者会对税收战略提升企业价值的举措持怀疑态度。但是，如果这些战略能够长久生效，那么投资者应该感谢经营者，因为这样企业就能把更多的现金保留给股东。

减少营运资本可以释放现金。非现金营运资本是企业非现金流动资产与流动负债中非借款部分之间的差额。典型的有存货，以及应收账款与应付账款之差。营运资本可视为催化剂，因为现金被套在营运资本内就不能用在其他领域，特别是无法投入到那些可以创造更高回报的项目上。不用说，增加营运资本就会造成现金流出。如果营运资本的占用减少，那么企业价值就会提升。

很多公司通常将（降低）营运资本视为增加股东价值的机会，因为他们之间的关系是直接的。但是，在现实中，其棘手程度超过了大多数公司希望投资者相信的程度。任何营运资本的减少都会影响到企业未来增长和营业收入。这是因为公司需要维持适当的存货，也需要适度提供客户信用，如此才能鼓励顾客购买更多的产品与服务。如果企业过度削减营运资本，势必会导致销售的萎缩并最终降低公司价值。

如果价值投资者将营运资本战略视为催化剂事件，则必须要考虑它可能带来的销售萎缩所引发的潜在风险。价值投资者也要关注新技术和存货管理系统的应用所带来的营运资本降低，这可能会对公司价值产生正面影响。

减少资本投资来创造价值未必有利。减少资本通常被视为提升企业价值的催化剂事件，前提是企业能够减少现有资产的净资本支出。公司净资本投资是资本支出减去折旧之后的净值，它体现了公司现金流出进而导致现金流的减少。这类现金流出通常是为了支持未来公司增长的，同时也是为了维持公司现有其他资产。

当管理层将资本支出作为提升企业价值的手段时，投资者对此必须非常谨慎。虽然公司可以通过减少对现有资产的投资来增加现金流，同时增加股东价值，但这也可能缩短这些资产的使用寿命。反之，如果一个公司将其资本全部投资于它的现有资产，那么将没有自由现金流，这也会影响企业价值。除非价值投资者能了解资本支出的适当水平，否则很难判断资本投资减少所创造的现金流能否提升企业价值。

回购股票是投资者最青睐的催化剂事件之一。在某些情况下，一个催化剂事件会导致另一个催化剂事件。有些催化剂旨在减小现有股价与企业隐含价值之间的差距。显而易见，只有当公司股价显著低于公司合理价值时，价值投资者才会特别关注催化剂事件。回购股票就是常见的执行简便的催化剂事件。

实质上，任何上市公司都可以回购股票。这通常依赖于公司经营者察觉到机会，即想要缩减股价与真实价值之间的差距。价值投资者很难预测到企业经营者是否要采取这项手段，因此也很难运用这种催化剂。通常，宣布回购股票会立刻提高股价。

回购股票是公司经营者提升股东价值的常用方法之一。因为这相当于向股东返还现金。因此，投资者愿意看到公司回购股票也就不足为奇了。迈克尔·普莱斯说："我们花很多时间来研究不同规模的公司重组。我们经常拥有这些股票，其股价低于拆卖价值和账面价值，所以这些公司也经常回购自己的普通股。我们希望看到资产出售能够获利，然后公司拿着现金买回股票。"

公司通常可以通过三种方法买回股票：一为公开市场回购，二为私下协商回购，三为公开投标报价。对于公开投标报价，公司通常要就购买数量、支付价格与有效期与投资大众沟通。公开市场回购更加常见。在公开市场回购中，公司没必要告诉市场它的行为。但是，公司可以让大众知道股票回购计划。私下协商回购通常包括公司直接从大股东手中回购。以上三种股票回购方法中，私下协商回购较为少见。

公司回购股票主要基于以下六个原因：一为在不减少每股股息的情况下减少股息现金流出。二为向市场传递公司价值被低估的信息。三为增加每股收益。四为改变公司资本结构。五为消化特定大股东股权。六为给予现有股东享有节税效益的现金分红。

现金分红通常是经营者回购股票的目的。但是，投资者必须关注的是公司回购股票必须在市场价格基础上支付溢价。由此产生的风险，即公司可能支付过高价格回购自身股票，把长期投资者的财富转移给了股票卖家。价值投资者将股票回购视为并购活动，也就是价格必须正确。

公司经营者也可能为减少现金分红而回购股票。减少股息所省的资金应该超过买回股票所需要的资金。这就向市场暗示：与支付现金股息相比，回购股票是更好的投资方式，并且可以在长期内增加股东财富。

"信号传递"也是很重要的催化剂。因为公司愿意花现金回购股票，表明经营者对股票被低估有足够的自信。传递这样的信心信号通常会提升股价。

回购股票通常可以提升每股收益。很多情况下公司甚至应该举债回购股票。这项举动不仅能增加收益，更能提升公司的净资产收益率（ROE），原因在于公司资产结构的调整。

股票回购的最后一个原因是可以购买某些想要获得流动性的大股东股票。这项举动往往是有利的，尤其是当某位大股东想要破坏公司的价值创造计划时。

分拆及股权分割可促使股价上涨。"分拆是一种免税交易，母公司把相关业务转移到新的独立公司，然后支付特殊股息给新公司股东。分拆之后，新公司是一家独立的上市企业，其股权结构与母公司相同。母公司的股东将按所持股权比例取得新公司股权，没有必要支付另外款项，也不会产生税负。"股权分割发生在拆分之前，且只允许小规模的公开上市。股权分割和分拆之间的差别在于股权分割帮助母公司筹措现金，而拆分并不如此。

分拆有四大效益。

第一，可以帮助公司重新聚焦于核心业务，让不符合母公司战略、运营和财务安排的业务部门成为独立的公司。

第二，股东通常都赞成这项举动，因为分拆后的公司与母公司将产生估值差异。例如，一个缓慢增长的、利润率有限的大型企业可能拥有一些成长迅速的、高利润率的部门，这些部门很适合被分拆，因为二者适用的评估方法不同。另外，如果公司拥有众多部门和复杂的结构，估值很难，那么因个别部门被低估公司的总价值也会大打折扣。分拆是消除大型综合公司被低估的补救手段之一。

第三，分拆可以通过给予新公司组织结构而增加股东价值。分拆后的新公司通常有一支新的管理团队，有足够的动力去增加股东价值。

第四，也是分拆最具有财务效益的理由，就是税收效益。母公司与接受股份的股东都没有被课税，尽管母公司取得了出售资产的财务利益，而股东取得了股息收入。

在投资股票分拆事件时，价值投资者必须评估公司业务性质、价值释放机会和管理团队。像其他投资一样，这些都是判断企业价值机会的重要因素。另外，价值投资者必须关注与重组相关的问题，如会计方法的变动、债务分配、新公司与母公司之间的关系、管理层核准可能性等。

有四个原因可以解释为什么一个公司要通过分拆提升股价。一为作为独立部门，拥有自己的股本基数与股东可以更好地提升股权融资能力。二为相关法律规定要求分拆。分拆的原因可能来自联邦贸易委员会和司法部，出售或分拆用于核准更重要的企业交易。三为公司通过分拆以获得更高的信用评级。四为某些部门之所以被分拆可能是因为它们不符合母公司的经营战略。

部门存续分立（split-off）为独立机构： 分立为独立机构与分拆情况非常相似，差别在于投资者对于前者必须选择持有哪家公司，而不能同时拥有母公司与新公司。如果投资者决定拥有新公司，就必须把母公司股票交换为新公司股票。一般来说，母公司通常都会提供某种激励，鼓励股东们把股票交换为新公司股票。母公司之所以愿意这么做，情况类似于回购股票。回购股票是利用现金来进行，此处是利用新公司股票作为通货，买回母公司股票。在这种情况下，投资者应该考虑母公司与新公司的素质、价值、价格，以及母公司提供的条件。

出售资产：出售资产只完成了价值创造的一半，另一半在于如何运用这些资金。通常出售资产能够促使价值释放。公司的资产代表已经完成的投资，目前正在帮助企业创造营业收入。一般来说，如果这些资产创造的投资回报低于资本成本，通常就可能成为出售资产的标的。

理论上说，投资者能够计算出售资产可以实现的价值，以此比较该项资产出售的现金收入。如果出售资产的现金收入，少于该资产预期现金流的现值，则出售资产将有损于股票价值。反之，如果出售资产的现金收入，大于资产预期现金流的价值，则出售资产可以提升股票价值。如果二项数据没有太大差异，出售资产也不会影响股票价值。

如何运用出售资产的款项，这也可能成为催化剂事件。第一，直接投资于股票市场。第二，投资于回报率较高的其他资产。第三，通过现金股息或回购股票的方式，把这些款项与股东分享。

死者的价值往往高于生者：完全或部分清算，经常是重要的催化剂事件。企业资本创造的回报，如果持续低于资本成本，就应该做完全或部分清算。清算行为将终止企业破坏价值的某些投资计划，把资金交还给股东。如果企业经营的情况很差，不断破坏既有价值，通常就应该做完全或部分清算。如果股票市场价格显著低于清算价值——企业有形资产的价值——清算可能是重要的催化剂。

外生型催化剂事件

股东维权的存在。 股东维权可以来自个人投资者或机构投资者，或来自资金会或退休基金。它们的目的可能来自公司维权，与公司治理或环保议题相关。这些维权经常是导致变化的催化剂。即使对经营者的抗议失败也会由此引发其他一系列的催化剂事件。

例如，对经营者的公开抗议可能引发组织内部讨论，引起股东的关心。媒体可能进一步关注抗议股东的主张。不管是为了特定目标还是为了引发其他相关活动，公司活动可以采取多种方式实现目标，包括争夺代理权、发起写作运动、提交股东会决议和诉诸媒体。虽然这些活动可能干扰公司经营，但价值投资者应该留意这类催化剂事件。

维权股东提出的主张通常很明确，例如，可以提升公司价值的经营与财务战略。维权股东所提出的改善公司治理的建议通常包括增加外部董事席次的数量、建立独立的审计、反对管理层的过高薪酬等。

企业经营者为了防范股东维权，往往会采取反兼并条款之类的控制机制。这类机制经常是维权股东所攻击的目标。反兼并机制可能压低股价，尤其是在企业经营业绩不佳时。毒丸计划（poison pill）是最常见的反兼并方法，这让公司股票在并购者眼中变得没有吸引力。这类战略会让并购者必须付出额外的昂贵代价。不幸的是，毒丸计划也会成为企业经营者在有限责任下争夺公司控制权、对抗股东监管的最有力武器。它为绩效不佳的企业经营者或董事、监事提供了不合理的保障，也使得很多股东对于不负责任的企业经营者束手无策。

迈克尔·普莱斯说："这就是自由市场，如果拥有股票，你就有权力决定企业怎么做。董事会应该保障股东权益，而不是与经营者站在一起。虽然公司董事由股东投票推选，但他们基本上都是经营者的同伙。不幸的是，事实上经营者决定董事会成员，并越过董事会决定经营者人选。"

股东维权者卡尔·伊坎说："事后回顾起来，我想我应该尽一切力量来对抗'毒丸计划'，还有那些过去十年来用以保障企业经营者不当利益的机制。我希望自己的行动能够导致立法变革，但我终究不是政治嗅觉敏感的人。归根究底，我只不过是一个喜爱投资的人……"

除了像迈克尔·普莱斯和卡尔·伊坎之类的倡导者外，还有类似加州公务员退休基金（CalPERS）的机构投资者也在扮演维权股东的角色。事实上，CalPERS 每年都会提出一张清单，列举一些需要采取股东维权的企业。这份清单普遍受到价值投资者的重视。

为了拿出这份清单，CalPERS 通过三个准则挑选企业：就股票价格而言，过去三年股票回报情况较差的企业；资本配置缺乏效率的企业；公司治理不够完善的企业。"股票持有人团结起来就有力量主导企业规范。这种力量的潜在影响是惊人的。股票持有人的行动将决定创造还是毁灭财富。就 CalPERS 的观点，这种力量带来的责任应该被给予重视。"

行业兼并活动也具有催化剂效应。 行业内的兼并活动，也可能具有催化剂效应，因为这些活动将提供一些企业价值的衡量标准。在特定行业内，兼并活动究竟有多大影响力，取决于这类活动对于其他同行的价值判断。

兼并企业的理由有几点：规模经济、多元化经营、举债能力、税收效益，以及封闭价值缺口或单纯的金融投资。关于价值缺口，企业经常会为了填补某种价值缺口而并购其他企业。所谓缺口，是指企业上市与非上市价值之间的差异。这种价值差异发生的原因，经常是质优资产管理不当或受到市场误解；在潜在并购者眼中，这些优质资产各有不同的价值。

投资者拥有辨识潜在收购对象的能力，是非常有价值的，因为这有利可图。不擅长管理资产的企业，或资产结构太复杂而不易被市场了解的企业，往往都是很好的并购对象。举例来说，有些业务庞杂的企业，股票市值可能会低于所有业务的税后估值加总。这些就是理想的并购对象，尤其是在这些资产在取得之后，就能直接清算时。

公司兼并的另一项重要理由是取得兼并之后的规模经济效益。规模经济效益可以有效降低运营成本，因此也会提升利润率，并创造企业价值。通常同行都会留意兼并竞争对手的机会，希望在生产、销售与营销，以及研发方面取得规模经济效益。

某些企业希望通过并购，将生产或销售的触角扩展到其他领域；这些企业相信，多元化经营可以提升股票价值。但不幸的是，多元化经营本身并不能提升股价，很多证据显示：多元化经营的企业的股价反而容易被低估；换言之，企业各个业务线的价值加总，大于市场对于整个企业的估值。如果多元化经营不能为企业竞争带来优势或提升盈利水平，强行采取多元化经营就非明智之举。另外，多元化的企业通常很难保持强势业务的优势，反而会造就大量平庸的业务线。

有时企业也会根据对财务结构的考量而开展并购。举例来说，看中标的公司的举债能力也是一个重要的并购动机。如果公司拥有显著的举债能力，那么经常会成为被并购的对象，因为举债能力本身也可以有效降低资本成本，当然也有助于提升企业价值。

如果避税效果足够显著，也会促使企业进行并购活动。价值投资者应该特别留意折旧处理，以及过去结转的营业损失。这些都有助于降低潜在税率并增加并购者的现金流，以及显著提升企业价值。

时间：沉默的外部催化剂。暂时性的利空催化剂，其效应将随时间而淡化；举例来说，原料价格上涨，会不利于包装公司；而石油价格下跌，可能不利于石油公司。这些利空事件的影响力，通常都会随着时间的流逝而减轻。这种情况下，时间就变成了最佳的催化剂，因为在一段时间之后，很多经济、政治、金融因素会慢慢磨合，使企业经营由歧途返回正轨。当然，时间能够成为催化剂的前提是没有发生不正常的事件，而且暂时性利空事件的商业周期或季节性周期非常明确。由于价值投资者大多属于长期投资者，可以充分利用这类机会。

总之，对于任何特定的收购对象，都必须由特定角度评估这些催化剂事件。所以，价值投资者应该留意特定产业内每一并购行为的特质，才能合理判断哪些同业公司可能成为下一个被并购的对象，并做出合理的估值。

美国热电公司经营者释放的价值

1998 年秋天，我开始研究美国热电公司的资料，这是一家极端多元化经营的综合企业（见图 4-2）。当时，美国热电是显示器、分析与生物医学仪器的主要制造商。该公司在不少领域内都有着不错的市场占有率，例如：再生纸类、乳腺 X 光检测系统、替代能源系统、脱毛用品，等等。该公司也提供多种服务，包括：工业外包、环境责任管理、激光通信，等等。总之，该公司涉及 15 个不同产业，是 20 多家上市公司的大股东。美国热电的经营地点也很分散，涵盖 22 个国家；在营业收入中，美国占 56%，欧洲占 30%，亚洲占 10%，拉丁美洲占 4%。

该公司过去采用的增长战略有两种：并购与科研设备商业化。1995年以来，为了进入新市场与扩张产品线，该公司投入大约 18 亿美元进行并购交易。美国热电的商业化战略程序大致如下：发展特定的技术，

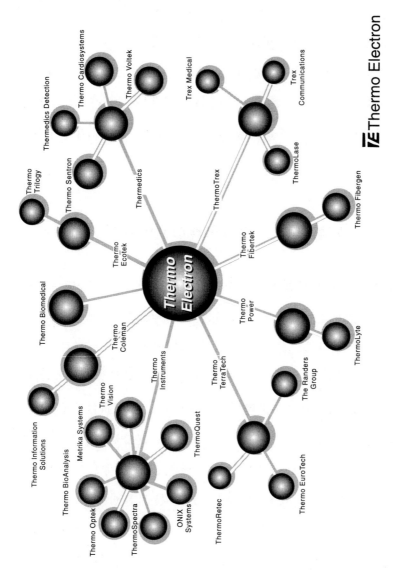

图 4-2 公司旧有结构

以该技术为中心，成立一家公司，通过公开市场出售分支机构的少数股权，从而获得现金。这是一套出色的战略，曾经非常成功：这套战略最大的效益，可能就是让美国热电成为一家既成熟而又快速成长的多元化企业，财务状况非常健康。事实上，市场对于该公司价值的估值也很高。

翻开它的子公司与几家同行的年报之后，我发现该公司从事的大多数行业的表现都很不错。我的结论根据对美国热电核心业务的垂直现金流量分析得出。结果从一开始就非常清楚地显示，美国热电是一家盈利状况很好的企业，自由现金流充裕，虽然最近几年的情况不尽如人意。但深入分析显示，在所涉足的每个行业内，该公司几乎都是主要领导者之一。

我会继续追问：既然相关产业的增长状况与市场占有率都不错，那么该公司近年来的利润率与现金流为何会变差？深入分析显示，近年来，美国热电似乎在过度多元化经营，这使得相关业务逐渐偏离本业。另外，我也更深入地观察该公司的内部状况，发现其收入与收益（盈利）增长最近在放缓，主要是因为半导体设备市场衰退、工业市场不景气、美元走强，以及亚洲经济危机。根据粗略估计，美国热电分支机构中大约有 20% ～ 30% 的子公司对营业收入毫无贡献。

美国热电的股价很便宜，基于自由现金流与分类加总估值法的分析，公司目前按非公开市场的估值进行交易。股价目前在每股 14 美元左右。采用兼并收购估值法、市盈率（分母为标准化收益）或自由现金流分析，我估计每股的合理价格应该为 30 美元。该公司的财务结构十分健康，信用扩张有限，各部门的经营团队都很不错，各自拥有资深的管理者。比较该公司与同业之间过去 7 年来的营业数据之后，我对于他们的管理能力充满信心，我计算的安全边际（关于这个名词的概念，请参考第 5 章的讨论）大约在 10.5 美元上下，这是考虑该公司在宽松的融资环境下私有化或出售的价格。这些分析考虑该公司创造的自由现金流与举债能力，以及出售资产来进行融资的可能性。

我认为当时不是买入的好时机，主要原因如下：美国热电的核心业务遭遇到相当大的竞争压力；另外，该公司赖以生存的半导体产业正遭遇严重衰退，尤其是在亚洲地区。该公司的特殊组织结构，更是令此雪上加霜。

采用"五大"关键分析，我的最终评估结论摘要如下：

- 该公司的业务、产业与经营管理绩效不错。
- 目前的股价水平（14 美元）很合适。
- 我认为该公司股票至少价值 30 美元，向上空间为 114%。
- 我估计的向下空间为 25%，但我相信在目前的股价上，该公司如果退市、私有化或被收购，冒这个风险就是恰当的。

目前，唯一没有考虑的（关键）是潜在催化剂。我归纳出一些该公司经营者可能采用的方案，来缩减价值评估缺口；可是，我们目前仍不是股东。我等了 4 个月左右，而且几乎忘了美国热电的存在（见图 4-3）。

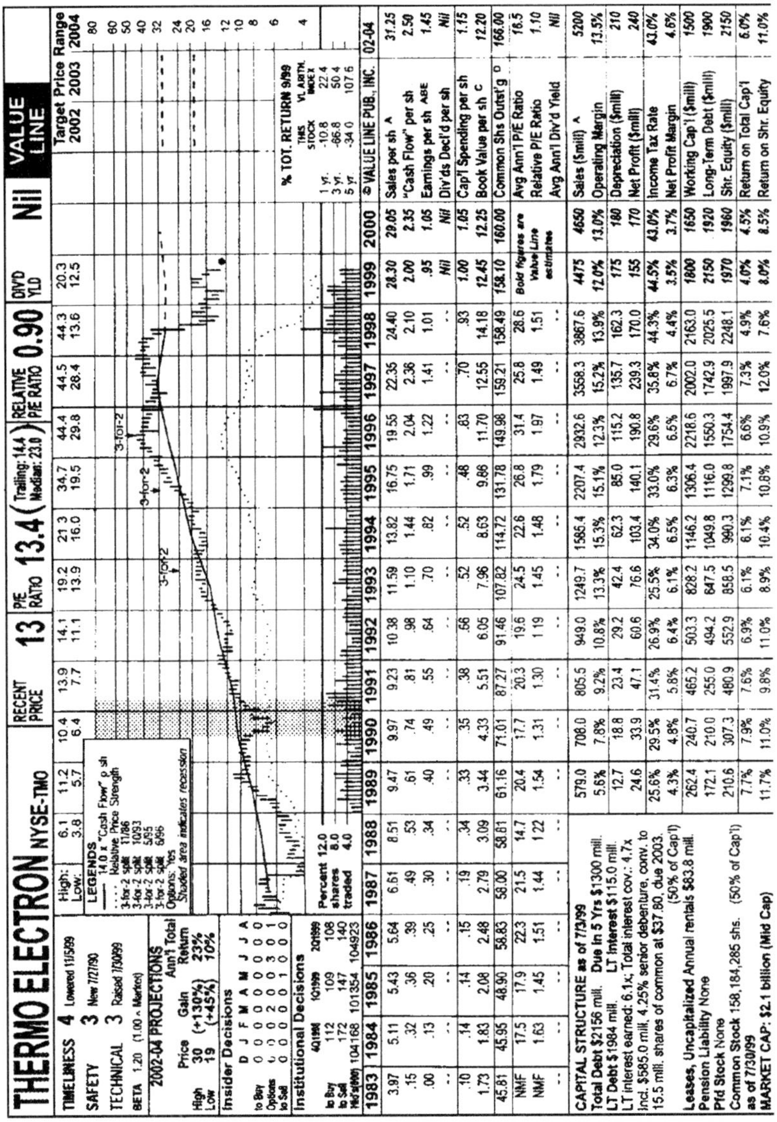

图 4-3 《价值线》页面

| | 11.7% | 11.0% | 9.8% | 11.0% | 8.9% | 10.4% | 10.8% | 10.9% | 12.0% | 7.6% | 8.0% | 8.5% Retained to Com Eq | Nil All Div'ds to Net Prof | 11.0% Nil |

BUSINESS: Thermo Electron has abt. 20 public subsids. divided into seven segments; owns 85% of Thermo Instrument (analytic and env. instrs. and svcs.); 74% of Thermedics (biomed. mater. detection equip.); 86% of Thermo TerraTech (incineration, heat-treating equip.); 79% of Thermo Power (nat. gas engines, cooling sys.); 60% of Thermo Cardiosystems (heart assist dvcs.); 91% of

Thermo Fibertek (paper recyc. equip.); 94% of Thermo Ecotek (in-dep. power plants). '98 R&D: 9.5% of sls. Depr. rate: 12.6%. Has 23,600 empl. Putnam Invest. owns 5.4% of common; FMR Corp., 8.9%; Off. & dir., 5.3% (499 Proxy). Chairman & C.E.O.: Richard F. Syron. Inc.: DE. Addr.: 81 Wyman St., PO Box 9046. Waltham, MA 02254. Tel.: 781 622-1000. Internet: www.thermo.com.

Thermo Electron shares continue to fall. For years, this stock was considered an attractive vehicle for long-term growth. Shareholders have had high expectations, awarding TMO shares with an earnings multiple far exceeding the market multiple. Much like a venture-capital firm, Electron is an incubator of new business, typically in the instrumentation and environmental services industries. The company would support fledgling operations with the necessary startup capital until they were deemed ready to become independent entities. At that point, Electron would tap the equity market by spinning off these operations into publicly traded subsidiaries, often keeping a majority stake. Notably, these stock issuances resulted in gains that inflated the company's earnings. Meanwhile, TMO has been an aggressive acquirer of businesses, looking for inexpensive operations with strong, complementary technologies. For much of the past ten years, the company executed these two growth strategies with success. However, as the Thermo Electron Family grew in size, it became increasingly difficult to manage these forms of "artificial"

top- and bottom-line growth. Soon enough, growth expectations far exceeded the company's potential. In 1998, when acquisition and spinoff opportunities failed to come about, TMO's growth prospects were called to question. And worse, it became clear the company had succumbed to the pressure of performing spinoffs as a way to enhance earnings, as evidenced by operating redundancies and underperforming units. **Investors should remain on the sidelines until Thermo Electron shares attain a favorable Timeliness rank.** Several upcoming developments are of interest. The company is currently reorganizing its corporate structure in the hopes of generating greater efficiencies. If management successfully improves margins, we should see a reversal in TMO's downward earnings trend. Recovering markets in Asia also may provide some upside to our estimates over the next several quarters. Finally, we look for Hewlett Packard's pending spinoff of its instruments business, Agilent Technologies, to provide investors with a good comparison for valuation.
John Martin   *November 5, 1999*

CURRENT POSITION (\$MILL.)	1997	1998	7/3/99
Cash Assets	1522.7	1547.3	1068.1
Receivables	797.4	875.5	930.2
Inventory (FIFO)	543.6	899.7	846.0
Other	230.5	278.8	297.5
Current Assets	3094.2	3301.3	2941.8
Accts Payable	251.7	272.5	282.1
Debt Due	176.9	134.1	171.9
Other	663.6	731.7	785.5
Current Liab.	1092.2	1138.3	1239.5

ANNUAL RATES of change (per sh)	Past 10 Yrs.	Past 5 Yrs.	Est'd '96-'98 to '02-'04
Sales	12.5%	16.5%	5.5%
"Cash Flow"	16.5%	17.5%	3.5%
Earnings	15.0%	14.0%	Nil
Dividends			Nil
Book Value	16.5%	14.5%	-.5%

Cal-endar	QUARTERLY SALES (\$ mill.)^A Mar.Per Jun.Per Sep.Per Dec.Per				Full Year
1996	652.4	745.7	740.0	794.5	2932.6
1997	763.5	875.0	909.9	1009.9	3558.3
1998	944.2	947.8	977.2	998.4	3867.6
1999	1009.5	1092.0	1175	1198.5	4475
2000	1070	1100	1230	1250	4650

Cal-endar	EARNINGS PER SHARE^A^B Mar.Per Jun.Per Sep.Per Dec.Per				Full Year
1996	.28	.29	.32	.33	1.22
1997	.31	.34	.36	.40	1.41
1998	.23	.28	.27	.22	E1.01
1999	.18	.23	.25	.29	.95
2000	.20	.24	.29	.32	1.05

Cal-endar	QUARTERLY DIVIDENDS PAID Mar.31 Jun.30 Sep.30 Dec.31				Full Year
1995	NO CASH DIVIDENDS BEING PAID				
1996					
1997					
1998					
1999					

(A) Fiscal year ends on the Sat. nearest December 31st. (B) Primary (through 1990, diluted thereafter. Next egs report due mid-February.

Excl. extraordinary item: '98, 24¢. Excl. non-recurring item: '98, d17¢. (C) Includes intangibles. At 12/31/98: \$1,915.6

million. \$11.47/share. (D) In mill. adj. for stock splits. (E) 1998 earnings do not add due to changes in the diluted share base.

Company's Financial Strength	B+
Stock's Price Stability	40
Price Growth Persistence	75
Earnings Predictability	65

To subscribe call 1-800-833-0046.

© 1998, Value Line Publishing, Inc. All rights reserved. Factual material is obtained from sources believed to be reliable and is provided without warranties of any kind. THE PUBLISHER IS NOT RESPONSIBLE FOR ANY ERRORS OR OMISSIONS HEREIN. This publication is strictly for subscriber's own, non-commercial, internal use. No part of it may be reproduced, stored or transmitted in any printed, electronic or other form, or used for generating or marketing any printed or electronic publication, service or product.

图 4-3 （续）

1999 年 3 月 15 日，该公司宣布聘用一位新的 CEO，主持企业日常工作。这位新任 CEO，原本是该公司的外部董事，已经任职两年。他所取代的原 CEO 是该公司的创始人。

我们在 3 月 15 日买入该公司股票。

在新任 CEO 催化剂事件的推动下，我相信该公司很有可能进行积极重组，以提升股价。当我们安排妥当之后，大约掌握了该公司 6% 的股权，持股总数将近 1100 万股，已经足以引起管理层的注意（图 4-4）。

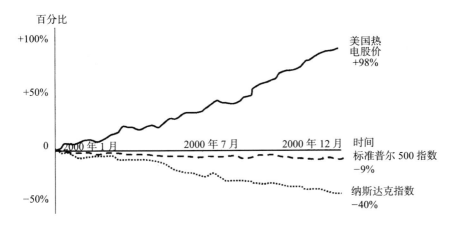

图 4-4 美国热电股价相对标准普尔 500 指数及纳斯达克指数走势

经过大约一年的低调布局之后，新任 CEO 积极展开重组，这项举措让很多人颇为吃惊。在该公司向证交会申报的表格 8-K 中，我读到一些重组计划的内容（请参考附录 D）。

在最后的分析中，我发现该公司在通过数个外部与内部催化剂事件提升企业价值，缩小价值评估的缺口，包括：

● 崭新而更专注的管理团队。

- 维权股东的出现。

- 药物研究产业增长。

- 有效提升利润率的企业与经营战略。

- 提出两个分支机构免税分拆上市的计划。

- 通过资产处置与业务剥离获得 10 亿美元资金。

不用说，股东们都觉得很满意。

第 5 章

安全边际原则

"格雷厄姆通过他的著作和教育影响了很多投资者。安全边际概念也许是他对投资行业最伟大且最持久的贡献。"

——乔尔·格林布拉特

什么是安全边际

在著作《聪明的投资者》中，本杰明·格雷厄姆将安全边际这一概念描述为任何真正投资的重要组成部分。此外，他认为安全边际是一个可以用合理的基本原理以及历史角度定量证明的要素。

他对安全边际的定义本质上是价格和价值之间的差距。在其他条件相同时，这两者之间的差距越大，安全水平越高。格雷厄姆也解释了安全边际之所以重要，是因为它为评估业务和企业公允价值方面的失误提供了缓冲。

"廉价证券的购买者特别强调投资能力，从而抵御不利局面。在大多数类似的情况中，他们并没有对公司真正有所期望。如果这些股票是廉价买入的，那么即使盈利能力略有下降，也有可能给投资带来一个满意的结果。这恰恰是安全边际的作用所在。"

　　从一开始，安全边际就和一家公司股票价格的波动性无关。大多数价值投资者的关注点一直是公司的内在价值。

　　在价值框架的五大关键中，安全边际适用于许多类型的投资机会。这一概念对被低估的公司也很适用。原因很简单，安全边际建立在股价背后的价值之上。投资的安全性取决于支付的价格，但不仅仅是价格。支付的价格和企业价值之间的差值才是安全边际的关键所在。相对价值的最优价格存在于被低估的公司中。

　　即使考虑安全边际，一笔投资也可能表现得很差。这并不是安全边际原则的失败，因为安全边际只能保证投资者能以自己所青睐的胜率进行投资。然而，这并不能保证投资者不会亏损。

　　今天有很多人对格雷厄姆的安全边际概念做了调整。多年前格雷厄姆对安全边际的计算方法和今天有所不同。对投资者来说，重要的是将这个概念纳入考量，而不是纠结于具体运算的细则。价值投资者可以采用多种方法来确定一家公司的安全水平。他们对资产价值之所以深入挖掘，是因为这能带来收益与现金流；他们之所以使用多种措施来研判，是因为有时候仅靠一种分析方法是不够用的，投资标的总是令人捉摸不定。在此基础上，价值投资者会采用不同的方法，例如企业拆卖价值、优厚的股息收益，以及价格／现金流比率，将这些指标作为本杰明·格雷厄姆的安全边际概念的补充。例如，当公司收益短期下降时，采用其他指标（如账面价值）来限制对股价的不利影响就是一个有效的方法。

　　购买具有安全边际的公司能够躲开那些为了标榜股票估值而过度举

债的公司。当某一股票价格处于高位，如果市场对股票的期望过高，那么即便是市场很小的失望及预期方向的变化也会带来巨大灾难。购买足够安全的股票意味着尽可能购买杠杆水平较低的股票。

对价值投资者来说，安全边际应该包含投资者的风险偏好。投资者对安全边际认知的差异源于他们对股价波动性、公司决策失误的容忍程度，以及对陷入财务困境公司的容忍程度。

安全边际定义也涉及企业的无形价值。价值方法的五个关键指标和安全边际准则略有不同。安全边际是五个关键指标的辅助工具。

以下这个问题很重要："是什么支持股价处于现在的水平？"或者说："为什么股价并未从今天的价格大幅下跌？"五大关键价值指标的安全边际能够让你意识到是什么地方出了问题，安全边际所讨论的并不是股价对公允价值的低估程度，而是对资产价值的评估。

定量及定性推论

价值投资者通常结合定性和定量分析来确定某只股票的安全水平。定量因素包括清算价值和控股价值的分析。定性因素则包括公司的市场地位、品牌优势以及声誉，等等。

定量推论

根据本杰明·格雷厄姆的著作所述，当他投资时，他首先关注的是资产价值和安全边际。通过关注这两个要素，他将纯净值（net-net values）作为买入公司的止损位，即将公司当前的资产减去所有负债。他对地产、工厂和设备的赋值极低。他似乎基本不关心公司及业务本身。他关注的只是数据。

定量分析一家公司，核心是评估资产创造现金流的能力。正如在第2章所讨论的，这个分析涉及这家公司经营的业务的特性及其所处行业的动态。

清算价值：基于投资者对行业的理解，他们决定所要采用的估计安全边际的工具。如果一家公司属于正在衰退的行业，那么投资者将会使用资产的清算价值，因为衰退行业的资产对其他行业来说几乎毫无用处，尤其是当这家公司从事的是一些特定业务时。

公司的清算价值不同于一家自我维系的公司持续利用其资源创造的价值。一个处于成长中的盈利行业的公司，其价值要远高于清算价值，因为这些公司能有效地将公司的资源转换为股东价值。在衰退行业则相反，清算价值更高，因为出售资产的行为反而能更好地将其转化为公司价值。在计算清算价值时，许多价值投资者更倾向另一种方法，即先计算资产价值，然后减去负债。

在计算这些数据时，许多价值投资者会使用现金和有价证券。假设有价证券是短期的，它们将以面值估值，基本上是股票市场对它们的估值或者是以最近的证交会报告上提供的结果为准。然后，价值投资者会对厂房、不动产、设备和存货进行贴现。基于行业和资产的差异，贴现率从适用于其他行业一般商品的20%，到仅适用于特定行业商品的80%不等。高贴现率意味着低残值，像商誉和其他无形资产的项目不包括在估值过程中。

重置价值： 如果一家公司处于正常稳定的行业中，价值投资者将会选择以重置成本来评估资产。基本原理是如果一个竞争者想要进入某一行业，那么它只能选择买入其他公司或者从头开始。收购一家公司往往需要在其资产价值之上支付一定的溢价。从头开始则需要以更有利的价格购买资产。因此，对于处于稳定行业中的有前景的公司来说，以重置成本估值作为安全边际是合理的。

通常情况下，重置成本评估类似于清算过程，然而，前者有更多的针对具体资产的调整。和清算方法类似，现金和有价证券被列入账面价值。虽然利用公司有价证券真实的市场价值会使结果更准确，但对于外部股东而言这一信息并不有效。仅仅利用有价证券在牛市高位运行的价值来评估也许是远远不够的，应该对公司可能出现的投资失败做一些提前准备，比如对互联网热潮中的投资就应如此审视。

在现金和有价证券之后，价值投资者需要考虑公司的应收账款。资产负债表上的应收账款是首先需要调整的部分，因为它们包含了针对客户拖欠债务的准备金。如果一家公司进入某一行业并想建立相同的应收账款水平，那么这家公司极有可能需要引入更多的债务以达到和已在该行业中运营的公司相仿的水平。因此，针对应收账款的重置价值需要调整以反映预期的拖欠债务客户的增加。

价值投资者还会仔细考虑存货成本，因为重置价值还取决于和公司有关的特定细节。比如，如果存货记录的是8000万美元，但是公司已经闲置某项制成品一段时间了，那么可以假设当一家新公司进入这个行业时，它并不需要这么多的存货。相应地，价值投资者将会减少存货成本。如果一家公司账目上的存货包括廉价的原材料，那么就可以适当调高重置成本。

比如，如果一家制造塑料玩具的公司拥有很多原材料，且这些原材料是在价格非常低时购买的，那该行业在另一时期的新进入者便不会有这种优势。存货成本将会高于资产负债表上的数字。因此，价值投资者会调高这些存货的重置成本。

流动资产项下的其他科目，例如预付费用和递延税负，相对来讲仍然处于账面价值水平。预付费用是指公司已经提前支付的费用，比如一年的租金。递延税负是指政府的税负的归还，它具有真实价值因而不需要做任何调整。固定资产及非流动资产并不相同而且不需要进一步的关注。与流动资产不同，这些资产的调整将对公司的资产价值有很大的影响。

不动产、厂房和设备（PP&E）通常是资产负债表上最大的非流动资产，价值投资者会评估这些资产的重置价值。不动产通常低于重置价值，因为不动产（例如土地或房地产）在一段时期内通常会升值。

厂房的价值可能高于或低于其重置资产的价值。首先，账面价值的折旧细则及其重置成本可能和资产的经济价值并不相同。例如，土地在几年内可能会贬值，然而这项资产的价值在几十年内可能会大幅增长。通货膨胀也可能会对资产的真实价值产生影响。资产的减值建立在历史成本的基础上，和今天的价值无关。因此，使用资本较低的历史成本，相较更高的当前市价，可能会高估收入。

PP&E 中的 E 代表设备，它在其使用期限中是不断折旧的。这项资产通常很少需要调整。设备包括机器、工具、计算机，等等。由于 PP&E 是一个整体，决定设备具体包括哪些项目是很困难的。除非投资者具有在公司所处特定行业中的经验，例如，他们非常了解某一行业，知道它会用到哪些设备。大多数投资者对这些项目都采取较为保守的估计方法。

对于商誉，投资者可以将其估计为 0，因为它代表了为资产多支付的加成。将商誉定为 0 会产生一个问题，即这样做并没有考虑到整体的金融环境，仅仅计算无形资产将会低估一个企业的价值。

在安全边际分析中，考虑商誉的价值优劣参半。许多价值投资者意识到商誉对新的行业进入者来说是一种无形的成本，比如品牌、企业文化、客户忠诚度、声誉，等等。沃伦·巴菲特就把无形资产作为投资分析中的必要考虑内容，比如播放许可、软饮料的特定品牌。相反，其他投资者却认为无形资产对安全边际影响较小，他们比较倾向于对有形资产进行分析。

合理地调整商誉需要一些专业知识。为了粗略地评估商誉，许多价值投资者通常按比例计算商誉，一般是资产负债表数值的 10%～60%。一家拥有较强品牌价值的公司，可以利用数量不断增加的忠诚客户去维持较强的市场地位，从而产生比其他企业更高的价值。

通常情况下，对公司无形资产的估值建立在收入的基础上。例如，如果一个品牌产品可以产生比平均水平更高的溢价，那么它将更有价值。在销售过程中，顾客更有可能为名牌产品支付更高的价格。同样，对许可（执照）、版权、商标等的估值都应该基于由它们创造的相应的收入。另外，也可以通过以往出售过的类似资产的可比估值倍数来评估其价值。

例如，评估一家拥有明星产品的媒体公司需要分两步，这些明星产品既可以是一部电影，也可以是一档节目。第一步，先剔除明星产品的价值，再对这家公司估值。第二步，评估明星产品对公司价值的影响。很明显，这么评估并不科学，但有时候常识也很重要。

公司债务对安全边际的评估也起着决定性作用。负债过多通常是一个危险的信号，计算安全边际时任何小失误都会给股东权益价值带来灾难性后果，此类事例层出不穷。许多价值投资者对公司的债务采取批判的态度，尤其当《价值线》的财务评级在低于或等于 B 时。投资者应该对一家公司的债务情况有独立的判断，但《价值线》的评级还是很有效的入门工具。

评估目标公司的以往债务、长期债务以及现有债务是至关重要的。

现有债务包括在正常商业条件下需要负担的债务，例如应付账款、工资、应计费用、（与供应商之间的）无利息的信用条款，等等。这些债务通常列在流动负债项下，且在一年内到期。一般来说，债务越大（但不要过大），公司为资产融资所需要的投资就越少。

从重置资产价值里扣除负债，就能得到净资产重置价值。这是为了算出对股东有意义的公司的重置价值。这部分扣除的负债包括往期负债以及长期负债两部分。往期负债包括往期税单这类科目；长期负债是记录在公司资产负债表上的正式债务。减去这两个科目的数值就能得到净资产重置价值。

解读重置价值：对比资产价值和公司价值（设想该公司为一家持续经营的资源价值转化机构），可以有助于洞悉该公司。许多价值投资者认为如果资产价值高于公司价值，那么这种结果就可能是由不良的管理或公司身处一个不好的行业造成的。在这种情况下，经营这家公司将产生低于平均标准的回报，且消耗这家公司的稀缺资源。

如果这家公司的资产价值基本和公司价值相等，这将给价值投资一个信号——这家公司的管理最多也就是中等水平，和行业中的竞争者相比没有竞争优势。

最后，如果资产价值低于公司的内在价值，这两者之间的差别程度将会给投资者很重要的信息。在这种情况下，价值投资者将认为公司在竞争优势方面存在很大的长处，或公司中存在比较优秀的管理团队。价值投资者相信，如果他们能以低于公司资产价值的价格购买公司股票，那他们将来盈利的机会将会很大，或这家公司被接管的可能性很大，即外部刺激因素将会显现。

账面价值的估计：许多投资者依靠公司的账面价值来洞悉该公司被清算时的价值。不用说，投资者在这种情况下会做适当调整以正确解读账面价值。这些调整通常包括商誉和通货膨胀的变化。例如，如果一家公司在其资产负债表上拥有一项资产，比如在近些年内升值的房地产，那么它的账面价值在清算分析中也需要得到相应调整。

定性推论

对公司价值的计算建立在其资产产生的贴现现金流的基础上。很不幸，在实际的分析中，许多资产的估值并不容易，因为它们并不产生现金流。这类有形资产包括房地产、专利以及其他权利和许可。这一类的无形资产有企业声誉、品牌价值，等等。

定性推论基本就是指决定这些资产的价值。价值投资者较少依赖于无形资产，因为无形资产很难支持价格的内在价值。评估这些资产最好的方法就是用相对测量法，尽管寻找一个合适的可比较的资产十分困难。

"私有化估值法"：这一估值法是根据公司在协议收购中的价值来评估公司价值。其基本原理是，如果一家经营良好、公开上市的公司在某个价位上能吸引到一个收购者，那么这个价格水平就是投资者购买股票价格的"地板"。假设市场运行良好，拥有良好净现金流的公司的股价就不会跌到 0。

比如说，如果一家公司在公开市场上能以 8 倍自由现金流的公司价值成交，而在私人市场上协议购买类似的公司只需要 5 倍的自由现金流，那么认为这家上市公司价值会回归 5 倍自由现金流的观点就是合理的。正是由于这种公开市场和非公开市场的估值关系，许多价值投资者会审慎观察非公开市场的交易行为，好为某些公开上市公司设置一个"安全底线"。

免费的东西： 在决定股票价格的安全水平时，分类加总估值法是很有用的。价值投资者之所以会将公司分为几部分考虑，并不是因为这家公司要解体，而是要确定以当前价格是否可以免费获得多个附加的业务线。以通用电气为例，从分类加总的角度来观察，通用电气目前的价格是否充分地体现了公司各项业务的价值？如果市场对通用电气的各个部门估值保守，特别是有的重要部门被公开市场估值为 0 时，通用电气的股价就会处于一个有吸引力的安全水平。虽然投资者需要使用一些定量的技术指标来评估各部门，但是正确评估整体的市场环境却需要定性分析能力，是否采用适当的估值工具和指标评估各个部门，将决定投资成败与否。

股息率因素： 股息也是一种安全边际的保证，因为它能让投资者直接受益。同样，价值投资者经常将股息与其他具有相同风险程度的投资相比较。例如，如果 XYZ 公司以每股 40 美元的价格交易，且每年有 1.16 美元的股息，则收益率为 3%。如每股股价跌至 25 美元，则收益率就变为 5% 了。假设该公司的现金流没有恶化，5% 的收益率在一个正常的市场中是很有吸引力的。那些对收益率敏感的投资者，会通过增持股份来优化自己的收益率。股息收益虽然唾手可得，但在确定购买股票的安全边际时却不能只考虑这个。

历史观点：一家公司在市场上的历史表现有助于评估该公司的现有价值。这里说的并不是技术分析的读图预测，而仅仅是反映了投资者在不同经济周期下对公司的选择，从历史角度看公司，对于解释投资者选择公司的理由是很有用的。然而，这只适用于在商业模式上更具周期性的公司。

风险和不确定性

理解风险和不确定性是评估一家公司安全边际的重要部分。对于投资者，了解这两者之间的不同，这种不同如何影响估值方式，以及合理量化投资的向下空间所需要的工具是很重要的。

这两者之间的不同在于风险是可以计量的，而不确定性不可以。风险和不确定性的种类有很多。简单说，当投资者不确定一系列情况中的哪一个会发生时就会产生风险。当投资者不知道都有什么情况发生时就会产生不确定性。

如何处理风险

对于价值投资者来说，仅有两种风险，系统性风险和基本业务风险。总风险公式如下：

总风险 = 基本业务风险 + 系统性风险

基本业务风险基于会对公司及其股价产生负面影响的事件。安全边际原则主要聚焦于减少这种类型的风险。尽管产生基本业务风险的事件很多，但是它们都可以量化。这些风险包括管理部门失败的削减成本的计划、失败的产品、市场份额的丢失，以及失败的交易，等等。

系统性风险对任何公司来说都不是特有的。它指的是宏观因素，比如经济、通货膨胀、利率，等等。投资者并不能避免这种风险。这是公开市场的一部分，因此，许多价值投资者并不会花太大精力来应对这一风险。正如在第8章所讨论的，如果投资者想要减少投资风险，就应小心地采取多样化策略。事实上，投资越多样化，投资组合的表现就越接近市场平均水平。然而，投资组合越接近市场平均水平，系统风险也就越大。

尽管采取措施以降低系统性风险是谨慎的做法，但这也是市场常态，难以避免，所以并不应该是投资者在减少投资风险策略上最应关注的问题。一般而言，价值投资者拒绝花费时间来预测市场趋势或解释市场观点。花费时间在预测未来上就是浪费时间。投资者应该关注基本业务风险。

利用系统性风险是很重要的，但是不应该预测它。在1998年亚洲和拉丁美洲金融风暴期间，大多数投资者都害怕这种事件，而我反而发现了在通常情况下我绝不会购买的公司的价值。在这次剧变之前，市场持续地高估这些公司。在1998年年底，我发现了联邦快递的重大价值。联邦快递在一个优势行业中有很大的市场份额，彼时油价尚低，而服务需求增长迅猛。联邦快递当时股价低于每股22美元，我认为联邦快递的股价是私有化估值的结果。由于联邦快递的股价被低估，我看到了很大的投资机会。

进一步的分析表明，在目前的价格水平，我不仅会以私有化估值水平购买其美国业务，而且还能近乎免费地买到其国际业务。从长期来看，联邦快递也会受益于电子商务发展。我是这样计算退出价格的，该公司的公允价值需要剔除所有的增长预期，这个价格大致是每股45美元。尽管如此，鉴于其增长机会，该公司的最高买入价格是60美元。联邦快递产生可靠的现金流，并有稳健的财务报表。之后的股价连续两个月都低于我的预期。4个月后，市场很快意识到该公司被低估，然后每股交易价格大大高于45美元。

凭借该公司的品牌价值、现金创造、市场占有率，以及资产负债表状况等造成的充足的安全边际，在私有化估值下购买联邦快递存在最小的基本业务风险，大部分我已识别的风险都基于系统性风险。我没有试图预测系统风险何时会减弱，我只知道它会结束于某个时点。它的到来比我想象得更快。最后我以每股42美元出售该公司的股份，从对联邦快递的估值中获得了 68% 的盈利。

识别和避免不确定性

不确定性有两种：总体市场不能识别的潜在后果和投资者不能识别的潜在后果。

总体市场不能识别的潜在后果在交易频繁的市场中并不常见，这类市场的不确定性往往源于特定事件和其短期不确定性的影响，"9·11"事件就是一个例子。这种类型的不确定性更多地出现在特定公司或行业。例如，在 1998 年许多家医院和护理公司，如哥伦比亚 HCA，Quorum Health-care，贝弗利企业和 Vencor，由于华盛顿的立法者提出的新的薪酬结构的不确定性，而在很大程度上贬值。在这期间，有的公司破产，有的重组，也有许多公司认为股价太低而选择私有化（管理团队从外部借款来向公司股东回购所有股份）。市场中总有不确定事件。2002 年，许多优秀公司因为会计不确定性而使股价几乎一夜之间崩溃。不确定性来源于公司的财务状况是否值得信任，特别是当它涉及表外债务时。表外债务在那几年曾是相当流行的融资手段。

投资圈能够识别，但某些投资者不能识别的投资后果也会触发不确定性，因为这会触发一个根本性问题：你是这家公司最合适的所有者吗？许多投资者发现自己身处这种境地。通常，投资者会受到一些所谓大概念的影响而投资。但问题是投资者不了解这些业务。这并不是风险，而是不确定性。即使投资者购买了这些股份，他们也无法监控这些投资，他们甚至不知道该监督什么。

现在的问题是，不同于风险，不确定性是不能进行测量的。请记住，价值投资者购买的是企业，而不是股票。谁会买一个他不懂的企业呢？你该如何对企业估值呢？你怎么知道你付出的价格合理呢？因此，无论不确定性来源于共同市场还是一个人对特定业务知识的缺乏，价值投资者都将避免投资于具有不确定性的公司。

美泰公司：寻找一个安全边际

1999 年 9 月，美泰（Maytag）的股价出现大幅下跌。仅在几周内，股价便从每股 65 美元下跌到 30 美元，下降了 54%。毫不意外，我开始在这次下跌中寻找价值。我并不是这只股票的拥有者，但机遇走到了我面前。我查看了公司最近的《价值线》报告和表格 10-K。

价值主张

从对这家公司的初步观察中，我得到了有用的信息，具体来说是该公司创造股东价值的策略。美泰的净资产收益率在 1999 年是 31%，在 1997 年和 1998 年分别是 51% 和 70%。基于我对于高利润行业的认识，以及我们处于一个强有力的经济扩张期的事实，我认为美泰的盈利能力必然无法持续。

···················美泰 1998 年表格 10-K 摘录···················

净销售额：本公司 1998 年合并净销售额较 1997 年增加 19%。1998 年的净销售额包括 G.S. Blodgett 公司的销售额，该公司是商业烹饪设备制造商，在 1997 年 10 月 1 日由本公司收购。不包括 Blodgett 在内，本公司 1998 年净销售额与 1997 年相比增加了 16%。

家电净销售额较 1997 年增长了 15%。由于引进新产品，其中包括美泰海王星洗涤用品、美泰冰箱、美泰烹饪产品、胡佛直立吸尘器和胡佛直立式地毯深层清洁器，净销售额较 1997 年有所上升。此外，净销售额较 1997 年上升还和在西尔斯罗巴克公司的出货量有关，该公司与本公司签订协议，该协议称从 1998 年 2 月开始在西尔斯销售全系列的美泰品牌大家电。本公司的净销售额也得益于与 1997 年相比，大家电行业出货量的显著增长。

商用电器的净销售额较 1997 年增长了 84%。此净销售额的增长主要由 Dixie-Narco 在 1997 年的增长和把 Blodgett 列入全年的业绩所驱动。不包括 Blodgett 在内，净销售额较 1997 年增长了 48%。

与 1997 年相比，国际家电净销售额在 1998 年增长了 5%。销售额的增长主要是由于作为对中国竞争环境的回应，一些特定型号需要进行降价。

毛利：本公司合并毛利的销售百分比从 1997 年的 27.5% 上升至 1998 年的 29%。

和 1997 年相比，由于销量的增加，良好的品牌和产品销售结构，更低的原材料成本以及公司新的冰箱生产线无需生产启动成本（已在 1997 年计入），家电毛利率在 1998 年得到增加。

和 1997 年相比，由于销量的增加（部分被 Blodgett 制造流程的无效重组抵消），商用电器毛利率在 1998 年得到增加。

国际家电毛利率与 1997 年相比有所下降，主要是因为代表型号的家电价格下降。

本公司意识到与 1997 年相比，1998 年原材料的价格稍有下降，同时预计 1999 年原材料的价格与 1998 年持平或略有下降。

净收入：1998 年净收入为 2.81 亿美元，摊薄后每股收益为 2.99 美元，而在 1997 年，净收入为 1.8 亿美元，摊薄后每股收益为 1.84 美元。在这两年，净收入和摊薄后每股收益均受提前撤回债务所产生的费用影响。提前撤回债务的税后费用在 1998 年和 1997 年分别为 590 万美元和 320 万美元。

由于公司股价突然下跌，我觉得应该快速浏览这家公司。于是我下载了该公司最近的年报，表格 10-Q 和其他证交会文件，仔细审查这些数据。

将美泰的 ROE 分解后，我发现有三个关键战略值得关注，它们引发了我更深入探索这些策略的兴趣。第一个引起我兴趣的是该公司的制造能力。美泰采用了能在资本支出较小的情况下增加产量的制造技术。

该策略旨在不增加现有产能、扩建厂房的前提下，尽可能地利用现有设备。通过利用最少的时间和最少的资源来生产产品，这一战略也消除了浪费，提高了美泰的产品质量和利润率。

美泰同时也掌握了让创新产品充斥流水线的诀窍，这一诀窍将使该公司保持市场占有率，尤其是在高端市场。很明显，该公司有一个差异化策略——以溢价提供高质量产品。尽管该公司有大约20%的产品处于低端价格区间，它总体的组织战略是面向创新和生产顾客最愿意购买的差异化产品的。最后，该公司充分利用了品牌价值的杠杆作用。它利用了其品牌来进入各渠道并扩大其销售范围。

通过阅读该公司的表格10-K，《价值线》报告，公司主页，我进一步确定了对美泰的估值。我愿意支付的价格是每股29美元或更低。当我1999年准备开始将这一想法付诸实践时，公司股价却远远高于我的意愿支付价格。直到2000年3月我才有机会以我认为合理的价格购买美泰的股票。

那时候，我重新评估了购买这家公司的理由。再一次，我断定该公司的策略优秀；当股价在29美元以下时，该公司在接下来的一年以低于8.5倍市盈率的价格交易（我估计的每股收益为3.5美元）。对于以支付8.5倍市盈率的价格购买美泰的股票，我感到很舒畅。这一数字相对于美泰管理团队期望达到的3.8～4美元还是很保守的。比较在正常经济环境下该公司的收益，这一市盈率对于周期性的公司很有吸引力。基于企业价值和贴现现金流，这一价格也很便宜。

接下来，我利用第 3 章中所讨论的方法评估该公司价值。我对估值做了三角分析，使用了兼并收购估值法、历史估值法和贴现现金流法，并将增长率标准化。最后，我估计当时美泰每股价格应为 50 美元。

在每股 29 美元的购买价格和 50 美元企业价值的基础上，我试图识别能使股价升值的催化剂。我偶然发现了几个潜在催化剂，其中最重要的是该公司正在经历的重组。该公司旨在通过接下来 24 个月的成本削减计划节省 1 亿美元。节省下来的资金源于制造技术的提高、一般费用和管理费用的削减和业务部门的整合。营运资本和股票回购的变化也有助于削减成本。另一个催化剂是经济可能出现稳定或进一步好转。最后，基于现金流和资产负债表，我考虑了如果股票价格继续低于市场水平，那么美泰的全盘出售也可能是一个催化事件。

寻找安全边际

接下来就要评估股票价格或我的安全边际。对于安全水平，我采用整个公司的重置成本来分析。我要评估的风险是，如果经济再不好转，那么股票价格将处于什么位置。我确信在将来的某个时间点经济会好转，但我并不知道是在什么时候，以及如果经济继续表现萎靡或走弱，什么会支撑股票价格。

我重新看了证交会的表格 10-K，评估了如果该公司被清算出售的话还能剩下些什么。当评估一家公司的安全边际时，专业的价值投资者会采用特别详细的模型。然而，我使用的方法可以起到相同的效果。所有的数据都是基于该公司的 10-K 表格和年报上摘录的数据。

现金才是硬通货，现金等价物是流动性很高的投资，因此，它们应该以全价估值。对应收账款的估值就没这么直接了。应收账款是公司的可交易债务。在收入落袋为安前，必须要把这些债务收回。大多数公司会紧密监控收回应收账款的平均时间，甚至有专门的服务来从可疑账户中收回现金。因此，我会对应收账款打 60% ～ 90% 的折扣。考虑到美泰的终端市场所在国很有可能面临经济下行，这个折扣可能会更接近于 60%。

美泰对 77% 的存货采用后进先出法计算存货成本。其他存货成本的计算大部分采用了先进先出法。美泰的存货包括大宗商品如钢材、塑料，等等。因此，我采用了相对较高的存货价值。

递延所得税反映了由账面资产与负债的课税标准的暂时差异所导致的未来税务问题。这一递延所得税的利益对于潜在收购者来说可能有价值，但对于其他人来说可能毫无价值。对于其他资产，我采用了我所认为的其账面价值的一个合理比例。例如，预付退休金和无形养老金资产价值为 0。尽管它们有些价值，但对于这一情况我认为它们对企业的持续经营并没有重大影响。

美泰的报告将不动产、厂房和设备以成本计价。这些资产采用直线法进行折旧以摊销它们在经济寿命期内的成本。该公司估计这些资产中建筑物及其改造的有效经济寿命为 15 ～ 45 年，机器和设备的经济寿命为 5 ～ 20 年。鉴于该企业的业务性质，可以假设这些资产将取得一个接近于账面价值的数额。

除了为这家公司的资产评估一个较合理的价值，我考虑了看似安全的股息价值。股本成本大约为 8.5%，投资者可以利用股息 / 股本成本比率这一公式来计算股息对股东的价值。那一年美泰的股息支付预期为6800 万美元。因此，该公司股息对于股东的价值大约为 8 亿美元。基于这个简单计算，我得到了该公司安全水平为 21 亿美元或每股 24 美元。

表 5-1　资产价值的简单计算

（除流通股数和每股隐含资产价值外，单位为千美元）

	1999 年 12 月				价值
现金及现金等价物	28 815	×	100%	=	28 815
应收账款	494 747	×	70%	=	346 323
存货	404 120	×	70%	=	282 884
PP&E（不动产、厂房和设备）	976 108	×	90%	=	878 497
其他资产	540 458	×	80%	=	432 366
流动资产合计	2 444 248				1 968 886
股息流价值					800 000
减：负债					641 278
隐含价值					2 127 608
流通股数（单位：千股）					90 000
每股隐含资产价值（单位：美元）					24

我也从私有化估值和历史估值角度考虑了安全水平。基于历史估值，考虑到该公司业务的周期性，我看了前段时间公司股票的价格区间。总之，基于我以上的全部分析，我购买了一个盈利的、业务较集中的公司，且股价处在一个非常有吸引力的价格水平，价格上涨空间为72%，下跌空间为 17%。风险回报率对我是有利的。

依靠安全边际

直到美泰在 5 月份召开股东大会，我一直是该公司的股东，该公司的几个催化剂因素也正在起作用。投资是一个动态过程，需要不断地检查、更新、审视投资状况。

关注这家公司一年后，到 2000 年，我卖掉了这只股票。我意识到这项投资已经不存在有效的催化剂了。我追踪了几个季度的催化剂动态，但是它们并没有什么表现。尽管在这段时间股价有过高峰，但公司业务的基本面却从未好转，催化剂事件看来是无效的。连我始终看好的销售目标最终也没有实现。

分析了该公司第三季度的报表以及听了该公司的股东电话会议后，我以五个理由卖掉了美泰的股份。第一个原因和价格原因有关。我对于第三季度财务新闻发布会的解释是其定价环境，即美泰提高和维持高价格的能力正在减弱，而且并没有迹象表明该公司将能维持其产品的高价格。这对于客户来说是件好事，但对于该公司的所有者来说却是件坏事。当我看了美泰的两个竞争者的财务报表后，很明显，美泰的利润率受到了威胁。整个行业在 12 到 18 个月内盈利将会减少。因此，考虑到家电价格的平稳下降，美泰不太可能创造等同于目前水平的股东价值。

第二个问题和销售量有关。尽管公司的销售量比我预期的要好，尤其是在北美地区，但在商用电器市场仍然大幅下降了 13%。

该公司的经销商问题也在这段时间浮出水面。美泰最大的一家经销商决定放弃家用电器业务，其他家电经销商据说也会跟进。此外，另一家大型经销商在几周前宣布自己的增长预期存在问题。这些事件降低了我对于美泰达到预期销售量和最终投资回报率的能力的舒适度。

第三季度新闻发布会公布的更低的税率对我来说很吃惊，因为我没有预计到税率会下降得如此快。我认为这是个危险信号和更为令人失望的标志。最后，投资圈对该公司的董事长和 CEO 也表示了不满。

总之，我购买的股票产生了巨大变化而且没有出现新的催化剂。同时，该行业经历了周期性和结构性的变化。周期的特性来源于正在走弱的经济，而结构变化是由于经销商的大规模的重新定位，即新公司在进入，然而基础较好的参与者都离开了该行业。

以下是重大事件的时间表（1999 ～ 2002 年股价变化参考图 5-1）：

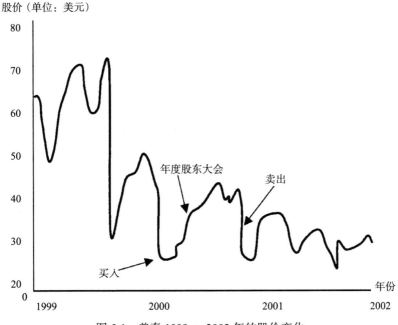

图 5-1　美泰 1999 ～ 2002 年的股价变化

- 1999 年 8 月 12 日：美泰提名新 CEO。

- 1999 年 9 月 19 日：该公司宣布第二季度的收益将会持平，华尔街降低了对该公司的收益预期；美泰的股价当天下降了 36%。

- 1999 年 9 月至 10 月间，随着股价大幅下跌，我开始调研这家公司的价值。

- 2000 年 2 月 14 日：美泰提前宣布将达不到之前的收益预期；华尔街分析员降低了对该公司的收益预期；美泰的股价下降 27%。

- 2000 年 3 月至 4 月：进行调研 5 个月，基于我的安全边际，我以每股 29 美元的价格购买了该公司股票，并确定下跌空间很小。

- 2000 年 5 月：在美泰年度股东大会上，股东投票以绝对多数获胜，但投票却没有执行的约束力，最终以很小的差距输掉了公开股东成员的提议。

- 2000 年 7 月 25 日：该公司最大的经销商之一——环城百货宣布将退出家电业务。

- 2000 年 8 月 16 日：另外一个主要的经销商 Heilig-Meyers，宣布计划关闭 302 家门店并且退出家电业务。

- 2000 年 8 月：美泰仍对达到自己设定的每股收益目标 3.8 美元很自信。

- 2000 年 8 月：零售大王沃尔玛宣布将进入家电行业，出售通用电气的产品。

- 2000 年 8 月 24 日：美泰的股价由于有消息称管理者正在协商卖

掉公司，股价上涨到每股 41 美元。我们卖掉了一些股票以锁定
利润。

- 2000 年 8 月 28 日：该公司主要竞争者惠而浦宣布将达不到华尔
街预期的收益目标，并列举了环城百货退出等关键问题。惠而浦
和美泰的股价都有所下降。

- 2000 年 9 月 14 日：美泰宣布将无法达到预期的收益目标。

- 2000 年 9 月至 10 月：我重新估计了安全边际，并提议在 30 美
元卖掉该公司股票，避免任何可能的资本损失。我在很大程度上
依靠安全边际来评估这一股价估值。

- 2000 年 11 月 9 日：该公司董事长和 CEO 辞职。

| 第 6 章 |

评估投资机会

判断当下的好生意并不难，真
正难的是找到 5 年或 10 年之后的
好生意。

——让－玛丽·艾维拉德

类比是解释个人投资者处理潜在投资机会的好方法。沃伦·巴菲特曾经用篮球解释投资者应该怎样考虑新的投资机会。他说在投资前，我们应该慢慢来，等待"最佳投球"机会出现。这是明智的建议。在本书的这部分中，我将用高尔夫球进行类比。

价值投资和高尔夫

　　价值投资与高尔夫非常相似。就像高尔夫球手，价值投资者必须耐心且谦虚。如同第1章讨论的那样，对于价值投资者和高尔夫球手，情绪自律是成功的关键。当判断价值投资机会时，投资者必须非常谨慎，才能让关键问题慢慢浮出水面。

　　投资类型的决定就像高尔夫的球道管理一样。球道管理是指球手走向球位，自行观察思考，判断风速、草的厚度、球的位置等一系列影响球的运动轨迹的因素。相似地，在价值投资中，也有许多变化因素是投资者在选择特定投资项目前需要慎重考虑的。

变化因素包括总体经济环境、市场人气、财季，等等。除此之外，价值投资者在判断机会类型之后才会选用具体的投资工具。同样，高尔夫球手只有在判断球的位置、标杆的距离、外部环境之后才会决定用哪种球杆。

所有高尔夫球手都会说管理球道的重点是明确比赛计划，也就是预先规划每个洞的打法。对每种投资机会，价值投资者都有一个明确的处理方法，对周期性的公司、分拆中的公司、高成长公司策略都不相同。就像在高尔夫中，投资者的工具包中有他所需的各类"球杆"。尽管并不是用每个工具或球杆都会得分，但重要的是拥有并且知道如何使用必备工具。高尔夫球手可以模仿泰格·伍兹，投资者可以模仿沃伦·巴菲特。但是，直到投资者能真正在实际中练习使用各种工具，他们才能在球场或投资中收获成功。

判断投资机会

投资是一场运用不同工具、采取不同风格、利用不同机会的游戏。一些投资者选择新兴产业中的快速成长公司，另一些投资者只在为人熟知的产业中投资。还有一些投资者只选择具有明确投资特征的公司，例如低市盈率公司。

　　判断投资机会是投资成功的关键，因为投资机会决定了投资者如何选择方法与工具。要想判断投资机会，就必须了解是什么情况造成这个机会出现。

　　下列是一些关于投资机会的例子，这些例子介绍了机会是如何出现的，其中还涉及如何适当使用工具与评估具体状况。这部分采用的企业向证交会申报的文件可以用来更好地了解公司。虽然专业投资者可以通过各种手段迅速取得特定公司或某一状况的信息，但个人投资者只能依赖于证交会的网上申报材料和其他财经网站发布的信息。

　　这里将讨论七种投资机会。温和或缓慢增长型、快速增长型、特定事件驱动型、周期型、暂时衰退型、混合型和价值陷阱。那些曾经的收入增长与经济增长形式相一致的，增长率在1%～9%的企业属于温和或缓慢增长型。而以每年高于10%的速度增长的企业属于快速增长型。

　　事件驱动型机会是指有潜力的投资，包括高质量的、被低估的公司，它们正在（或可能要）经历复杂的分拆、财务重组、机构的解散以及（或）改组，来实现其真正的价值。这个领域充满机会。事件驱动型机会在牛市非常常见。在牛市中，公司会利用各种手段释放股东的价值。基于整个市场的表现，管理层会变得更加积极。他们同样会注意到股东对管理团队要求变得更高。

　　周期性公司呈现出明显的经济周期。在周期性的产业里，公司经营受生产能力影响。这些企业在经济周期的最高点或接近最高点时收入最高，在最低点时收入最低。深入研究个别产业的基本面与长期趋势变动，往往可以找到适当的投资机会。

暂时衰退型机会与周期型机会相似，因为二者都是从衰退过程中获利，在企业经营不理想时往往会出现投资机会。这些价值被低估的企业，其绩效通常是因为错误的理由而暂时陷入衰退。导致经营绩效不好的原因，可能是某种复杂的结构性因素，或某种不属于经济基本面的负面催化剂，使得市场对于其价值判断产生误解。比如，公司由于员工长期罢工导致的利润下滑或产品召回，而呈现出良好的投资机会。

经常有一些公司不受青睐。但是，这些企业会因为财务上或策略上的原因，成为潜在的并购对象。一般来说，不论用哪种工具衡量，这类企业的股价都很便宜，安全边际非常充分。

混合型机会是指多种潜在机会同时并存的企业，比如，一家正在周期谷底的公司，准备进行企业分拆。

最后，价值陷阱是指企业价值虽然被明显低估，但并没有出现催化剂事件，或是催化剂事件缺乏影响力。这并不是投资机会，而是应该避免的陷阱。

五大价值关键在投资机会上的应用

温和或增长缓慢型企业：1998 年的当纳利（RH DONNELLEY）公司——方法和理论分析

我对这家公司采用了纵向分析法，查询了该公司利润表的收入与收益。我原本也可以采用净资产收益率分解方法，但是为了更深入了解相关企业所处行业的动态与其业务的经济前景，采用了纵向分析法。

黄页广告产业每年以 5% 的速率增长，甚至在经济衰退期的最初 10 年里也是如此，其成长动力的一半来源于价格的增长。当纳利是美国境内最大分类广告的独立业者，1997 年的广告业务销售额超过 10 亿美元，而且是所有市场的领导者。另外，当公司从邓白氏公司（Dun & Bradstreet）独立之后，也提供分类广告黄页印刷服务（包括刊登广告的大多数黄页的印刷）。当纳利提供的黄页服务超过 300 种，这还包括为美国国内 13 个州的 270 多个名录提供黄页广告服务。这些黄页在 1997 年总发行量大约是 3000 万册。

该公司的客户面很广，大约涵盖 50 万家企业，它们大多数甚至是完全依赖黄页作为广告媒介的。在过去的 3 年里，在其主要市场，该公司在各产业的广告续约比率在 90% ～ 100% 之间。当纳利公司收入的一个更有吸引力的方面是，它在各主要市场上与那些老牌的主流电话服务供应商保持了战略上的长期合作关系。相关的电话公司包括：美国科技公司（Ameritech Corporation），贝尔大西洋公司（Bell Atlantic Corporation），以及斯普林特（Sprint Corporation），当纳利与美国科技公司的下属企业签署了永久合作关系，与斯普林特及贝尔大西洋公司的下属企业签订长期合作关系，契约到期时间分别延到了 2004 年和 2005 年。

当纳利的广告业务销售和盈利，基本上都是来自黄页的分类广告，这些广告销售是依照它与全国各个地方规模最大的电话公司签署的长期合作关系来进行的，其他值得一提的还包括：广告续约比例很高、稳健的市场占有率、客户在地理上与产业上都很分散，另外，当纳利的行政与管理团队都很出色。

但是，该公司产业管理和分析部门在 1998 年给出的有关运营结果的表格 S-4 告诉我，当前的衰退是暂时的。

当纳利公司在其主要市场有着很强的竞争力，这源于它的规模、续约率和专业技能。对于其规模，公司成立的第一年售出了超过 10 亿美元的分类广告，这在美国 114 亿美元的分类广告市场中占据近乎 9% 的份额。至于其他独立业者，其黄页分类广告销售量之和占美国市场的比例尚不及 10%。

续约率一直是该公司关注的焦点。因此，该公司过去 3 年的续约状况都很稳定，平均续约率为 91%，因此，就其业务基本面来说，当纳利对于价值投资者颇有吸引力。

由于当纳利可以用有限的基本开销换取强劲的和可预测的现金流，公司的营业毛利率非常高。另外，就其商业特点而言，流动资金需求量很低。谈到股价的评估基准，考虑到该公司的债务量很高，而所需要的资本支出很少，所以采用企业价值与经营现金流（未扣除利息、税金、折旧以及摊销的收益）的比率。以每股 16 美元的价格计算，股价大约是 2000 年经营现金流预估值（根据稳定的毛利率以及 5% 的收入增长率估计）的 5.5 倍。至于每股收益，我估计未来两年至少可以创造出 1.9

美元的每股收益，隐含的市盈率为 7 倍。总之，企业价值与经营现金流比值为 5 倍，市盈率为 7 倍，股价看起来似乎颇为合理。

·················· 引用当纳利 1998 年 7 月表格 S-4 ··················

广告总销售额，是指该企业销售的账单价值。1997 年总销售额为 10.672 亿美元，较 1996 年的 11.156 亿美元下跌了 4.3%。1997 年 12 月，当纳利公司出售了其东海岸地区分类广告业务的所有权，并且于 1996 年 5 月，出售了其西海岸地区分类广告业务的所有权。1997 年广告总销售额的下降主要是由于东海岸业务的出售，后者的 1996 年广告总销售额为 8780 万美元，1997 年为 7380 万美元；另外，该公司与辛辛那提贝尔公司的契约于 1997 年 8 月到期，也是业绩减少的主要原因之一，这部分的总销售额由 1996 年的 6500 万美元减少到 1997 年的 5010 万美元。至于其他区域市场的情况，广告总销售额由 1996 年的 9.606 亿美元，减少到 1997 年的 9.434 亿美元，下降了 1.8%，主要是因为贝尔大西洋公司的相关黄页广告市场重新调整而导致广告销售数量减少，原属于 1997 年的业绩，将转移到 1998 年入账。这方面的衰退可以部分由当纳利公司在斯普林特公司的广告销售弥补（主要是拉斯维加斯区域），DonTech 的广告总销售额也增长了 1.3%，从 1996 年的 4.035 亿美元增长到 1997 年的 4.086 亿美元。

收入源于与广告销售相关的佣金，这并不包括由和 DonTech 的合作关系而产生的那部分广告销售收入。收入从 1996 年的 2.7 亿美元下降到 1997 年的 2.399 亿美元，主要受到东海岸业务出售的影响和与贝尔大西洋公司合约满期的影响。东海岸 1996 年的业务收入为 9510 万美元，1997 年为 7800 万美元，西海岸收入为 220 万美元，辛辛那提贝尔公司的 1996 年的收入为 7170 万美元，1997 年为 1310 万美元，经过前期调整之后，该公司 1996 年的收入为 1.556 亿美元，1997 年为 1.488 亿美元，下降了 4.4%。收入受到了贝尔大西洋公司某些黄页印刷安排调整的不利影响，使得当纳利在贝尔大西洋公司的市场的收入减少 9.9%，由 1996 年的 9590 万美元，减少到 1997 年的 8640 万美元。这方面因在斯普林特公司的市场上的业务增长而得到弥补，该市场 1996 年收入为 3700 万美元，1997 年为 3990 万美元，拉斯维加斯市场的收入增长十分强劲，黄页分类广告的收入增长额超过全国平均水平。

合伙企业收入和相关费用收入在 1997 年下降了 2.1%，从 1996 年的 1.329 亿美元下降到 1997 年的 1.302 亿美元。当纳利的合伙企业收入主要源于两方面，CenDon 和 DonTech。当纳利可以获得森东创造利润的 50%。当纳利可以从 DonTech 创造的利润中获得特定的比例（根据调整后的与 DonTech 的合作协议，此项比例为 50%）；从 1997 年第三季度开始，也可以由美国科技公司的关联企业直接收取费用（参与收入分配），这与 DonTech 的广告销售有关。这些条目都包含在合伙企业和相关费用收入的收益中。与 DonTech 有关的当纳利收入在 1997 年下跌了 4.3%，从 1.214 亿美元下跌到 1.162 亿美元，主要是由于当纳利在分享 DonTech 利润比例上的降低。1990 年，当纳利以降低获取 DonTech 的利润比例为代价，修正了与 DonTech 的永久合作契约，而利润分成比例的降低会在 1997 年结束。收入减少的另一方面的理由，是与 DonTech 相关的大部分黄页印刷都发生在第四季度，导致生产安排失去平衡，销售与生产缺乏效率。1997 年公司开展了为期两年的计划，目的是改善这一失衡，提升 DonTech 的销售效率和运营支持。当纳利来自 CenTech 的合伙企业收入在 1997 年增长了 25.8%，从 1996 年的 970 万美元增长到 1220 万美元，主要是由于 CenTech 在拉斯维加斯市场销售的快速增长。

接下来，我必须估计价值。我查阅了非上市公司的交易记录，结果没有得到适当的结论。在美国，并没有完全类似公司的存在，而在国外市场，我确实找到了类似的企业。事实上，有一家国际性公司，企业价值与经营现金流比率的估值，大约为 12 倍到 16 倍。另外有一笔交易中包括英国某企业并购的黄页广告公司，企业价值与经营现金流比率为 13 倍。

首先，我深入地观察了这家黄页广告公司以及这家英国公司的动机来评估这笔交易的合理性。基于这些交易和我所认为的市场为当纳利公司愿意支付的价格来判断，我认为可以在未来以高价出售这些股票。我认为市场愿意支付的企业价值与经营现金流的比率为 8 到 9 倍。这意味着合理的股价范围在 28 到 32 美元之间。

我对这个案例很有信心，我认为每股 16 美元的价格很有获利空间，并且我坚信公司的股票价值至少在每股 28 美元。

其次，我查看了第四个价值杠杆：催化剂。考虑到业务特点，我意识到一定有内在催化剂驱使着股票价格的抬升。我信赖公司经营者持续买回股票，通过重组机会给股东们创造价值。只要公司持续地回购其股票，我相信股价回到一个合理的价值会很快实现。

最后，我评估了公司的安全边际状况，考虑到当纳利公司收益，现金流以及市场表现的稳定性和可预测性，我认为股价的安全水平在 13 美元每股。换言之，如果股价跌破 13 美元，该公司在理论上就应该下市或干脆出售。另外，公司资产也大约有每股 13 美元的价值。就这个机会考虑，我评估的向上空间为 75%，向下空间为 19%，风险回报结构相当划算。

高增长型：1990 年夏季的网络联盟公司——方法和分析

网络联盟公司的投资是一个挑战，因为我所估计的安全边际近乎 1/3 来源于市场泡沫，以及对于某些资产的高估。网络联盟公司是 1997 年 12 月的一次并购的产物。这家公司是软件开发和供应商的领导者，它致力于信息科技的两个最重要的领域：网络安全和网络管理。网络安全方面，公司主要的收入来源于传统的迈克菲（McAfee）杀毒软件。1998 年，网络联盟公司在杀毒软件消费市场的占有率为 42%，这个数值是其他竞争对手的两倍，而它在企业市场的占有率接近 43%。在网络管理方面，公司收入主要源于其 Sniffer 软件。这两大产品分支为网络联盟公司贡献了收入的 80%。

· · · · · · · · · · · · · · · · 1998 年网络联盟公司表格 10-K 摘要 · · · · · · · · · · · · · · · · ·

净收入，从 1996 年的 4.218 亿美元增加到 1997 年的 6.122 亿美元，增加了 45%，相比 1995 年的 2.789 亿美元更是增加了 51%。这些增长主要来自产品与服务收入，相关细节请参考下文。

1997 年、1996 年与 1995 年的产品收入分别为 5.108 亿美元，3.439 亿美元和 2.522 亿美元，1997 年增长 94%，1996 年增长 36%。产品收入之所以能够快速增长，主要是因为杀毒软件的市场扩张，杀毒软件的到期续约，Sniffer 软件持续受到市场认同，以及公司的顾问与支持服务的持续发展。还有一小部分的增长动力源于其他产品（不属于 Sniffer 系列或杀毒软件）销售增加、业务扩展到新的经销商渠道与国际市场。随后，1995 年杀毒软件收入做了如下调整，使得收入归属于 1996 年与 1995 年的产品收入⋯⋯

服务性收入，包括：软件支持、维护契约、教育培训与顾问服务，以及在相关服务期间递延确认的保修、客户支持、维护契约。1997 年，服务收入为 1.014 亿美元，相比 1996 年的 7790 万美元增加了 30%，相比 1995 年的 2670 万增加了 192%。在服务和支持方面增加的收入源于所有的产品种类，最主要是客户群的扩张，以及维护契约的续约。1995 年至 1996 年高速增长，是因为公司刚就杀毒软件与网络安全产品推出了顾问支援服务。

1997 年、1996 年与 1995 年国际业务收入分别占收入净额的 28%、24% 和 25%。1996 ～ 1997 年，国际业务收入的比率上升，主要是因为产品得到国际市场的认同，以及持续投资的国际性业务……

在我调研的这段时间内，杀毒软件业务被给予每年 30% 的增长率预估。预计需求量较个人计算机的增长率快两倍，这主要是因为用户对保护计算机免遭因电子邮件或网络下载而中毒的强烈需求。网络管理业务以每年 15% 的速率增长。网络联盟公司掌握着这一市场的主要份额，特别是在北美地区。公司也有一些小业务同样在增长。总收入的近 50% 源于会费。总体而言，所有收入的总体增长预期为 17% 到 23%。

但是，这个不断发展的公司也面临着许多问题。第一，公司采用了激进的会计方法，这样管理团队才能说服股东，他们确实能达到预期增长目标。第二，世纪之交的千年虫问题严峻，在当前的环境中到底能售出多少杀毒软件并不确定。第三，网络联盟公司正在重组它的销售力量，公司的生产力可能出现风险。事实上，由于这些信息，很多投资者认为网络联盟公司处在一个转变的阶段。最后，有一些持怀疑态度的投资者，特别是有关价值定位的投资者，他们怀疑增长率最终是否能够转化为现金流的增长。这种猜疑源于对会计方法的疑虑，以及业绩增长主要是来自 McAfee.com 部分，这个网站主要面向个人计算机的管理、更新和软件的升级。

我偏爱杀毒软件和网络安全的业务，这是我唯一关注的高科技领域。杀毒软件业务并不像其他技术公司那样会经常发生变化，据我了解，即便在 10 年或 20 年之后杀毒软件的需求也不会有太大变化。在未来，公司还是要开发杀毒软件来消灭网络病毒。

网络联盟公司的价格还算可以，但并不是非常好。按照每股 15 美元的价格计算，企业价值与经营现金流比值大约是 7 倍，市盈率为 17 倍，企业价值 / 标准化销售额比率大约为 1 倍。根据现有的状况，以及对最相近的其他同业交易价格的判断，该公司的每股价值在 27 美元到 33 美元之间。

下面考虑催化剂事件，潜在的催化剂事件有 6 个。第一，运营改善，特别是销售能力提升和库存管理的改善，我认为这是最有效的催化剂。网络联盟公司已经做过一些改进，最近的报表显示库存周转已从 22 周下降至 12 周。第二，McAfee.com 被剥离成为独立的公司，这很有可能是驱动股价的潜在催化事件，因为该网站属于全美最热门的 40 个网站之一。当然，这类企业的风险极高，但我估计该公司目前的市场价值在 3 亿美元到 7 亿美元之间。虽然我没有付出任何额外代价就能取得 McAfee.com，但我了解目前市场对于 ".com 公司" 的估值难以持久维系。根据保守估计，如果将 McAfee.com 剥离出去，应该能让网络联盟公司的每股价值提高 3.5 美元，而这是市场所忽略的。第三，该公司回购了价值 1 亿美元的股票，这将刺激股价的上升。第四，根据我的判断，就该公司的市场地位、品牌优势与财务健康水平来看，如果股价保持在现在这个水平，它很可能成为主要的收购对象。第五，我认为一旦千年虫的威胁结束，客户对网络安全的支出就会回归常态，因此该公司的收入应该会大幅增长。第六，即将上市的 Windows 2000 操作系统，将促使消费者购买更高效率的个人计算机，所以该公司的营业收入也会提升。

在考虑到前四个主要影响因素之后，我考虑了安全边际的情况。以每股 15 美元的价格估算，我认为股价的安全价格为 12.5 美元。这个股价估值是包含了 McAfee.com 的每股 3.5 美元的。根据最近申报的 10-Q 表格，该公司也拥有现金盈余，即现金流量表中扣除所有公司债务后的现金余额，这相当于每股 2.5 美元，非现金资产大约是 10 亿美元出头，重置价值大约是每股 7 美元。总之，这笔投资的向上空间为 100%，向下空间为 17%。最后这项投资带来了超过 90% 的报酬，在我的经验中，这是持股期限最短而风险最高的投资之一。

盛邦（Sybron）国际：事件驱动型机会的方法与分析

2000 年 4 月，以下的新闻突然显示在我的计算机屏幕上：

·················· 盛邦国际 2000 年 4 月表格 8-K ··················

盛邦国际宣布创纪录的收益和牙科集团的独立

密尔沃基市（2000 年 4 月 24 日）: 盛邦国际公司（纽约证交所代码：

SYB）今天宣布了其 2000 年第二季度业绩，这一季度截止时间为 2000 年 3 月 31 日。

第二季度和上半年业绩：盛邦 2000 年第二季度净收入 3900 万美元，相比去年上升 19.9 个百分点，2000 年上半年净收入 6940 万美元，相比去年上升 24.3 个百分点。

第二季度稀释后每股收益为 0.37 美元，相比 1999 年同期的 0.31 美元上升了 19.4 个百分点，上半年的稀释后每股收益为 0.65 美元，较去年同期上涨了 22.6 个百分点。

第二季度净销售额为 3.264 亿美元，较 1999 年同期的 2.72 亿美元上升了 20 个百分点。因美元升值而造成的对销售额增长的负面影响接近 340 万美元。不考虑国外流通的影响，与 1999 年同期相比，销售额增加了 21.2 个百分点。今年到现在为止，净销售额为 6.246 亿美元，相比去年同期增长了 20 个百分点。

第二季度的现金流持续强劲，当季的息税折旧摊销前收益（EBITDA）为 1.023 亿美元，较去年的 8430 万美元增长了 21.3 个百分点。而前 6 个月的业绩为 1.915 亿美元，较去年同期相比增长了 23 个百分点。

这一季度的国内销售额增长达 8.9%，其中牙科部门为 11.0%，劳动部门为 7.7%。

该公司总裁兼 CEO 肯尼斯·扬茨（Kenneth F. Yontz）说："我对这一季度公司积极和稳健的表现非常满意，特别是牙科部门和劳动部门的内生增长。其次，公司的整体营业绩效，以及并购计划提供的盈利业务，使得销售与收益都呈现了健全的增长。"

牙科集团的独立

盛邦集团今天同样宣布，董事会决定把盛邦牙科部门转化为独立的机构，并通过盛邦牙科医疗器械（Sybron Dental Specialties，SDS）的股票，把股权按照股利方式发放给盛邦国际公司的股东。这受到了众多条件的配合，包括国税局同意这项交易免税，而且根据证券法制订的SDS注册文件得到顺利通过。整个程序完成的时间预计需要6个月到8个月。

当分拆完成后，盛邦实验室用品公司的主席小弗兰克·杰里内克（Frank Jellinek Jr.）将成为盛邦国际的首席执行官，而公司也将更名为Apogent科技，他也将加入Apogent董事会。

当前盛邦的主席，扬茨先生，将继续担任Apogent科技的主席和首席执行官，同时也将成为SDS的主席。当前SDS的主席小弗洛伊德W. 皮克雷尔（Floyd W. Pickrell Jr.）先生将成为牙科部门的主席兼CEO。盛邦国际的首席财务官和副主席丹尼斯·布朗（Dennis Brown），先生将加入SDS的董事会。

就独立这件事情而言，扬茨先生强调，时机已经到来，应该让这两家性质不同的机构各自追求本身的增长与繁荣，运用本身的条件分别在资本市场上筹款，相信它们的运营绩效会因此而大幅提升。这两个部门都是相关领域内的领导者，各自独立之后，它们不但会继续维持，而且还会更加强化其目前的市场领域地位。

盛邦国际宣布了其分拆计划。同年 7 月，盛邦公司股价下跌得很厉害，在第三季度足足有 41%。股价的下跌与公司和一个主要客户之间的存货问题有关，这使得销售增长速度低于预期。

我认为，当前导致公司实验器材业务下滑的客户与经销商之间的问题是个负面催化剂，但这只是暂时的，一旦问题解决，公司发展依旧向好。

从我对盛邦国际的分析中发现，公司各个部分的加总价值超过了公司整体。盛邦国际有两个分支：Apogent 科技和牙科产品。Apogent 科技为全世界的诊所和研究中心制造医用耗材与简易用具。其产品包括烧杯、烧瓶、显微镜片、快速检测试剂盒等。Apogent 科技在生物技术、制药研究、综合研究机构、医院，以及试验部门有着重要的市场份额。Apogent 科技的主要客户是仪器制造商和医疗耗材代理。我认为推动这家公司未来增长的会是基因组学——研究适用于人类的基因疗法。作为医用研究耗材的基础供应商，Apogent 科技在拥有可观现金流的同时，在过去还有着稳健的而可预测的收益。公司内生增长率在 5%～6%，如果考虑并购，则增长率会大于 20%。该公司的一位高管负责这个业务线，他在过去有着突出的绩效，特别是在为股东创造价值方面成绩斐然。

牙科产品部门制造专业的牙科器材，比如充填物、粘接药剂、牙钻、印膜材料，另外也制造一些矫正材料，如托槽、带环等。他们同时也生产一些防控感染的产品，比如消毒器和杀菌剂。接近 90% 的收入源于一次性医用耗材。公司品牌影响力很大。它在牙科矫正器材领域拥有市场主导地位，占有率为 31%，而公司的最大竞争者只有 18% 的市场份额。而在整个牙科器材领域，盛邦是全球第二大的制造商。

以每股 25 美元计算，盛邦国际股票的企业价值与经营现金流的比值还不到 7 倍，根据 2001 年收益计算，其市盈率为 17 倍。而其他基因组学仪器行业公司的，企业价值与经营现金流比率大约在 15 倍到 17 倍之间，市盈率大约为 25 倍。在牙科耗材行业，一般来说企业价值与经营现金流比率通常为 9 倍，市盈率通常为 19 倍。基于各个部分分类加总计算，盛邦国际的股价应在 37 美元到 43 美元之间，就目前股价计算，向上空间为 60%。公司有两个主要的催化剂。第一个是将牙科部门进行免税分拆并使其成为独立公司。第二个是公司也可以处理掉一些增长缓慢的业务，并出售其资产。至于下行风险分析，我基于分类加总的方式，采用收购时的倍数估计的每股价值为 22 美元，向下空间大约是 12%。除此之外，我发现很多董事会成员都有着强烈的财务动机，视图帮助外部持股人创造价值。杠杆收购者希克斯·缪斯（Hicks, Muse, Tate & Furst）投资公司的托马斯·希克斯（Thomas Hicks），以及著名专业投资者罗伯特·哈斯（Robert Hass）都是其董事会的成员。不只如此，根据最近的资料显示，二人的持股数量也很多。

周期性企业

根据定义，周期性企业是指公司暂时遭遇与整体产业相关的问题，从而使股价出现涨跌波动。

长周期性企业：1994 年的 Newhall Land & Farming 公司

在 1994 年，Newhall Land & Farming 公司拥有很多没有被股票市场考虑到的资产。Newhall Land & Farming 公司是我在富达所进行的第一笔价值投资。我相信通过出售某些特定资产，并且在当地的经营状况发生变化时，它的股票价格将是现在的两倍。这个公司拥有房地产、大型购物中心、电力公司、农场、住宅建筑公司，大部分都在南加州。开始，我建议在每股 15 美元以下买进股票，主要是由于该公司拥有的资产的价值。同时，我也根据公司考虑了该公司表格 10-K，以及公司自己的价值评估，以下是摘自表格 10-K 的内容。

·······Newhall Land & Farming 公司 1993 年表格 10-K 摘要·······

公司的主营业务是开发经总体规划的社区。自 1965 年，该公司就集中资源就 Newhall Ranch 的 37 500 英亩[⊖]土地做了总面积 10 000 英亩的瓦伦西亚（Valencia）新城计划，借以提升已开发和未开发的土地价值。初步计划涵盖 Newhall Ranch 在洛杉矶县 12 000 英亩土地的开发。1993 年，该公司对大约 700 英亩面积的土地行权购入，同时还购买了亚利桑那州斯科茨代尔市（Scottsdale）的 160 英亩土地，以推行第三个大型综合社区的开发，同时它还拥有额外的 1400 英亩的期权。这个 McDowell Mountain Ranch 大型综合社区计划已经被斯科茨代尔市批

⊖　1 英亩 =4046.856 平方米。

准，在 3200 英亩土地上修建 4000 户住宅和 70 英亩商业区。大约 900 英亩土地提供给斯科茨代尔市作为空地。

瓦伦西亚是全国土地价格最高的地区之一，它位于圣塔克拉利塔（Santa Clarita）山谷，向南 30 英里就是洛杉矶的市中心，距离人口超过 130 万的圣费尔南多山谷不足 10 英里。该公司的 Newhall Ranch 土地被 5 号州际公路一分为二。5 号州际公路是加州南北向的主要高速公路，在去往瓦伦西亚的 5 分钟车程内，有四条主要高速公路与 5 号州际公路相交。

从 20 世纪 60 年代到 70 年代，瓦伦西亚开展了许多住宅开发活动。进入 20 世纪 80 年代，工业开发以 8 倍的速度扩张，并且圣塔克拉利塔山谷是洛杉矶县发展最快的非法人化地区。洛杉矶市成为北洛杉矶县的区域中心。区域中心使得土地价值长期升值，伴随着工业、商业、购物中心的密集投资，以及面向单一家庭和复合家庭的一系列住宅项目的开发。

房地产价值评估

每年，公司都会针对所持有房地产的价值进行评估。独立第三方，MAI 房地产评估者 Buss-Shelger 公司在 1993 年 12 月 31 日将该公司房地产价格的市场价值评估为 897 100 000 美元。这些资产在 1993 年 12 月 31 日的账面净值为 242 571 000 美元，并且不包括燃油和燃气资产、供水系统、现金和现金等价物以及其他特定资产……

公司在瓦伦西亚大型社区开发中的土地与收入型资产价值从 1984 年的 2.22 亿美元（也就是进行独立资产评估的第一年价值）增加到 7.45 亿美元，尽管这几年出现了下滑。就每股价值计算，公司这段时间净资产评估价值由 11.74 美元增长到 21.04 美元。

我的重点在于以"正确"的价格买进股票，因为并不知道那些可以帮助 Newhall Land & Farming 公司实现其真正价值的正面催化剂事件会在何时发生。当时，我也并不知道南加州的经济何时复苏。但我相信三点事实：1）我在以远低于其有形调整后的账面价值购买公司。2）终有一天南加州经济会复苏。3）我愿意等待催化剂事件发生。

以低于调整后账面价值的价格购买 Newhall Land & Farming 公司股票是一种下行保护措施（也就是安全边际）。过去两年的时间里，我买入这家公司的一定头寸。三年后，在区域经济终于复苏后，我们在 Newhall Land & Farming 公司的投资增值了一倍。对某些人来说，这似乎并不是多么喜人的收益，但我相信谨慎的投资，可以抵御风险。

短期催化剂事件下的处于长周期的企业：2000 年的伊顿（EATON）公司

伊顿公司是一家为工业、汽车、建筑、商业、航空、半导体等行业提供高级工程产品的全球性制造商。这家公司拥有 5 个子公司。截至 2000 年年底，卡车零件业务占销售额的 15%，汽车产品占销售额的 20%，流动力学产品占销售额的 30%，工业、商业控制产品占比 25%，半导体设备占比 25%。主要产品包括液压产品、流动连接器、电力传输与控制设备、卡车拖拽系统、引擎零件、离子注入机，以及各种控制设备。北美地区的销售额超过 70%，预计全球销售额将达 84 亿美元。

　　2000年2月24日，在我开始对购买该公司股票感兴趣之前，伊顿公司宣布将通过高盛研究半导体设备部门以股权分割方式首次公开发行上市的可能性。同年7月，伊顿公司完成了半导体部分1600万股的公开上市，成为现在的Axcelis公司。每股定价22美元，而我关注这家公司时股价则为9美元。

　　不久之后，伊顿又宣布准备分拆剩余82%的Axcelis股权。该公司在其产品的每个相关专业市场上都处于领先地位。伊顿的一大优势就是为多样化的顾客群专门生产特种的工业产品。同时，该公司盈利能力很强，可以产生持续性的稳定的现金流。最近，该公司进行了一次大规模的并购活动，预计可以显著降低成本。以下是摘自该公司当时最近一期季报的部分。

·············· **摘录自2000年3月伊顿公司的表格10-Q** ··············

运营结果

　　2000年第一季度的销售额为23.3亿美元，相比1999年增长40%。所有业务部门2000年第一季度销售额创历史新高……

　　2000年第一季度经营性每股收益（不包括重组费用和出售资产的净利）为1.75美元，相比去年同期增长50%……

汽车零件部门

　　汽车零件部门持续创历史新高，2000年第一季度创纪录销售额为

4.97 亿美元，较去年同期增长 4%……

流体动力和其他零件部门

2000 年第一季度流体动力和其他零件部门销售额创历史新高，达 6.65 亿美元，是去年同期的 320%……

工业与商业控制部门

2000 年第一季度工业与商业控制部门销售额达创纪录的 5.79 亿美元，比去年同期增长 13%……

半导体设备部

2000 年第一季度半导体设备部销售额达 1.41 亿美元，较去年同期增长 147%。目前，依据相关产业分析，全球性的半导体资本设备采购将在今年呈现大幅度反弹，幅度将超过 40%，而全产业的反弹将持续数年之久。该公司可以在这个大趋势中获益颇多。2000 年第一季度营业利润为 2700 万美元，而去年同期的损失为 1200 万美元。这些绩效显示出 1998 年到 1999 年年初的重组效益。

伊顿公司股票的市盈率为 6.8 倍，企业价值是营业现金流的 4 倍，是调整后账面价值的 1.8 倍。历史上，这是股票价格最便宜的时候。如果运用市盈率以及企业价值与营业现金流比值的平均值，那么公司的公允价值是每股 73 美元到 77 美元。如果运用 9% 贴现率的现金流现值，那么每股价值应该是 76 美元。这意味着如果我以 53 美元买进，那么上涨空间可达 43%。但这必须配合对下跌空间的考虑，否则这样的回报并不算高。我对下跌空间的评估包括三个部分。

首先，我可以免费获得 Axcelis 的股票。在此稍做解释。除了 Axcelis，我评估了每个部门的价值，也就是 Axcelis 转化为独立企业之后的残余价值。我运用的是营业现金流倍数，因为各部门相关数据都可以获得。根据类似竞争对手的情况，对工业 / 商业部门我采取了 7 倍的比率，得到的股价是 35 美元。对于汽车和卡车零件部门，运用同样的处理方法，采用 4 倍的比率，得到每股价值分别为 20 美元和 12 美元。

其次，对流体动力部门，我采用 5 倍的比率评估出每股价值为 30 美元。基于以上这些数据，整个公司的价值时每股 97 美元。然后，我扣除债务 45 美元，则权益部分每股价值为 52 美元。鉴于伊顿公司当时每股的股价是 53 美元，这个结果似乎并不让人惊讶。实则不然。这个计算并没有考虑 82% 的 Axcelis 股票，也意味着这部分的股权价值仅有 1 美元，或几乎完全免费。当时，Axcelis 的股票价值 10 美元。

运用 1.1 的兑换率，我持有的每股伊顿股票，就可以保证取得 1.1 股的 Axcelis 股票。所以，Axcelis 的价值为每股 11 美元，这是股票价格没有考虑的。以上分析意味着，伊顿公司股票应该以 52 + 11 = 63 美元的价格交易，而不是 53 美元。因此，就第一个成分的分析来说，我的安全边际建立在我只花了 1 美元买到了价值 11 美元东西的事实上。也就是说我可承受价格下跌的风险。我的第二个保障来源于伊顿公司的替换价值和所有资产，包括 Axcelis。基于以上推理，我得到的股价是每股 49 美元。

最后，根据分类加总方法分析，我得出伊顿公司的收购价值为 50 美元。以 50 美元作为企业私有化的价值，下行空间只有 6%，潜在的上行空间可能则为 43%。这种风险回报率对我是非常有利的。推升股价上涨到合理价格的最实际或最可能的催化剂事件是该行业的周期性本质。那时，多元化经营都在面临着低收益指引。这并不是什么大问题。我并不担心前景，因为我相信在 18 到 24 个月以后就会好转。

暂时衰退型：2000 年的 Pactiv 公司

Pactiv 公司销售的产品包括：以 Hefty 和 Baggies 命名的食物和家居用品的储物塑料袋。这些产品通过各种零售渠道销售，比如超市、大宗批发商以及其他那些消费者购买家居用品的商店。除了快消品，该公司还为其他包装应用提供各式各样的塑料拉链。

公司的大多数商品在市场上有着重要的地位。在食品包装业，当时在 5 种主要的产品门类的单一出货量上，公司的市场份额在其中 4 种上占据了美国和加拿大市场第一的位置。除此之外，公司预计那些占据保护性包装业务销售额 80% 的产品在北美市场份额排位在第一或者第二。在美国，该公司同样在一次性餐具的市场份额方面引领市场。

Pactiv 公司的产品线非常广泛，它提供的一站式购物和与关键经销商长期的合作关系使其领导着市场。公司拥有着美国包装公司 45% 的股权，而该公司是美国第六大集装箱纸板和瓦楞包装产品制造商。

由于领导者的精明，Pactiv 的事业运营的很好。公司曾经通过并购获得了成长。除去并购，公司的收入增长大约在 4% ~ 6%。公司制造出强大的自由现金流并且在该行业内有着最佳的管理团队。从管理团队要求自己购买其工资四五倍的 Pactiv 股票这件事上可以看出，管理团队与股东志趣相投。

但是，由于合成树脂的价格，公司股票价格受挫。公司超过 80% 的产品源于塑料。聚乙烯，聚苯乙烯以及大量合成树脂占据了公司原材料采购比例的 75%。塑料树脂的价格从去年开始上涨，并且现在并没有好转的趋势。Pactiv 的利润率因塑料树脂价格的快速上涨而受到冲击。

以目前每股 9 美元的价格计算，我认为这一价格与公司价值相符。我由常态化的角度观察 Pactiv。排除原材料价格大幅波动的情况，我认为，该公司每股收益至少有 1 美元，虽然去年只有 0.55 美元。公司的标准化营业现金流为 6 亿美元，我的投资价格为 9 倍市盈率，5 倍的企业价值 / 营业现金流比率。我认为这是很划算的价格。

················· **Pactiv 公司 1999 年表格 10-K 摘要** ·················

扣除利息费用、所得税与少数股权的营业收入（损失）

1999 年的营业损失为 1300 万美元，包括公司重组与其他费用 1.83 亿美元，以及部分分拆交易的相关费用 1.36 亿美元。1998 年营业收入为 2.83 亿美元，包括公司重组费用 3200 万美元。

排除一些特殊项目的影响，1999 年的营业收入为 3.06 亿美元，相比去年下降 2.9%。1999 年单位销售数量的增长以及企业重组的成本节约带来的好处，被销售价格与原材料成本（主要来自聚乙烯）差额的下滑所抵销，乃至被超越，导致毛利占销售额比率由 1998 年的 28.1%，减少为 1999 年的 26.6%。另外，企业数据中心的营业成本提高，也对于 1999 年的营业收入产生负面影响。

消费者、食品服务 / 食品包装的营业收入，1999 年下降 6.9%，虽然单位销售数量增加了 7%，但是并不能抵消原料成本上升而利润率下降的不利影响。

保护性弹性包装的营业收入在 1999 年增加了 8.7%，主要是由于 10% 的单位销售数量增长和成本缩减方案的积极影响。不包括汇率的负面影响，营业收入在 1999 年增加了 13%。

在其他环节上的营业损失从 1998 年的 3100 万美元下降到 1999 年的 2700 万美元，这主要是由于公司经常性开销的降低，以及较高的退休金收入，但企业数据中心的营业费用增加则稍微抵消了前述正面因素的影响。

持续经营收入（损失）

1999 年的净营业损失为 1.12 亿美元（每股 0.67 美元），相比前一年的净收入 8200 万美元（每股 0.49 美元）。如果不考虑公司重组与其他费用以及分拆交易的相关交易成本，1999 年的净收入为 9300 万美元（每股 0.55 美元），1998 年的对应数据为 1.02 亿美元（每股 0.61 美元）。

为了计算该公司的公允价值，我使用了三种估值方法，分类加总估值法、贴现现金流量法与兼并收购估值法，后两种估值法的公允价格分别为：每股 17.83 美元和 18 美元。在分类加总估值法上，我分别对食品包装部门、保护性包装部门以及该公司在 PCA 集团的股份进行了估值。对于每条业务线，我都使用了两家不同的公司作为比较，并且以营业现金流为基础计算了总价值，然后再减去公司负债，最终得到公司的股权价值。

在贴现现金流量法上，我采用的贴现率是 10%，并根据该行业的特性，使用 3% 的期末增长率。在兼并收购估值法上，我的估值基础是之前的包装行业收购案例，我认为这样的比较是合理的。我得出结论，可以在 8 ～ 10 倍营业现金流价值的价格上出售该公司股票，前提是营业现金流的增长率适中。总而言之，我用三种不同方法得出的三种估值的平均值为每股 17.83 美元。

如果以 9 美元买入，那么我未来会在 18 美元的价位售出。那么问题就变成，股价怎么才能到达每股 18 美元呢？最有效而明显的催化剂事件应当是树脂价格下跌。树脂价格每下跌 1 美分都会为 Pactiv 公司带来大概 0.05 美元的每股收益，这就是经济学的有力论断。以公司质量、管理团队水平来看，Pactiv 股价明显是被低估了。

另一个催化剂事件可能就没这么强大了，这就是管理层正在开展的削减成本活动，从 1999 年到 2000 年年初，通过关闭生产园区、削减销售、管理及行政费用，公司削减了可观的成本。正在进行中的债务削减与资产剥离项目也是催化剂事件。1999 年早些时候，Pactiv 出售了 85% 的 PCA 集团的股份，即 3500 万股，该公司的 IPO 股价为每股 12 美元。管理团队还计划通过使用股票税后收益减轻债务。Pactiv 还持有 600 万股 PCA 集团股票，希望用这部分股票来进一步地削减债务。该公司还出售了几项非核心资产，非核心资产的剥离又带来了 1 亿美元的现金与税后收益。

我对于这家公司安全边际的计算基于公司的资产价值，这包括公司的自由现金流、品牌价值、市场占有率以及产品多样性。在这样的安全边际下，相较其股价，我认为这家公司也是一个理想的私有化或兼并对象。综合这些判断，我愿意以每股 7.5 美元的股价购入，由于下跌空间有限，而上涨空间巨大，我对 Pactiv 的投资获利颇丰。

混合机会

第 4 章讨论的美国热电公司重组是一个典型的混合机会范例。在这个例子中有各种各样的催化剂事件，如新管理团队、资产出售、资产剥离、新策略、分拆、股票回购，等等。价值投资者针对不同情况运用不同工具，他们把机会分开并单独评估。

避免价值陷阱

价值陷阱是指公司的股票价格并不高，但公司缺少正向的催化剂，或者在衰退的产业中运营。以下是几个潜在的价值陷阱的例子：

1. 在不理想的产业中购买估值便宜的股票。

2. 在景气周期的顶峰购买低估值的公司。

3. 仅仅因为价格低而购买股票，例如只有每股 3 美元。

4. 在完全不了解某产业的经济情况下购买此产业中估值最便宜的
   股票。

第 7 章

正确买入，成为股东

"……我可以成为帮助企业浴火
重生的凤凰。"

理查德·雷恩沃特（Richard Rainwater）

正确买入是指必须识别出优秀的企业，并且价格必须合理。这一概念非常直接，在第 2 章中曾经讨论过如何辨别优秀的企业，以及相关分析需要的工具。第 3 章则讨论了价格，以及如何判断价格的合理性。除了第 2 章和第 3 章讨论的内容以外，在考虑股票投资这个艺术性大于科学性的行为时，还有第三种因素，即投资者必须考虑当时的环境因素。

投资者在购买公司股票时必须考虑三个因素，并且将当时的经济环境因素考虑在内。第一，采纳本杰明·格雷厄姆的建议，把股票市场当作公司的所有人或合伙人。第二，考虑当时的经济环境因素而不是预测未来。第三，应当用周期思维来思考，经济和事业发展都是周而往复的，是非线性的。避免持有这样的观点：强势会永远持续，以及目前出现困难的企业必将倒闭。

把股票市场想象成企业所有人或合伙人

"市场先生"在价值投资者心目中可能是最为耳熟能详的角色。格雷厄姆创造了"市场先生"，以帮助投资者理解股票市场的特性。格雷厄姆的弟子巴菲特说过，"市场先生"是你在市场中的一个合伙人，但他是一个特殊的合伙人，有着非常独特的性格。他非常情绪化，但即使旁人对其视而不见，它也并不生气。

关于"市场先生"有几点必须注意，作为合伙人，"市场先生"对于股票市场关注度很高，会为你所持有的股票提供很好的价格，在这段时间，几乎所有挂牌交易的股票，"市场先生"都愿意为它们支付较高的价格。在这种情况下，投资者会重新评估当时的股票价值，对于价格接近合理价值或公司资产价值受损的股票，投资者通常会将其卖出，即使合理价值提早实现了，某些价值投资者也会将其卖出。例如，假定价值投资者在10美元时买进股票，并期望一年后在20美元时卖出股票，但在6个月后市场就非理性地将其定价为20美元，那么他确有可能卖出该股票。在这种情况下，投资者确实有理由卖出股票，这并不是因为公司本身经济状况发生变化，而是因为股票的合理价值已经得到体现。这个例子可以说明"市场先生"的乐观，它的情绪化之处对价值投资者也很有利。

情绪控制是关键所在。价值投资者不会因为短线利润而卖掉好的股票，也不会因为下一小时股价会上涨而买进股票，并期待在更高的价位卖出，这不是价值投资者的股票经营之道。事实上，巴菲特曾经说过，因为股价上涨而买进是最愚蠢的买入理由。同理，价值投资者也不会因为股票遭遇卖空而草草卖出。

反之，"市场先生"也会以很低的价格把自己拥有的股票卖给你，这看起来并不令人吃惊。辨认出"市场先生"的情绪正处于低潮，是最关键的。但是你必须要有自己的判断力，知道哪些是好公司，哪些是差公司。当"市场先生"出现不理性的行为时，你应当应用价值框架的五大关键来进行判断。对于价值投资者来说，这是买进的适当时机。

当"市场先生"情绪沮丧时，通常不会详细判断公司的好坏，而是以低价大举卖掉股票。而这时正是价值投资者买进的大好时机。这种情况很容易判断，就是在市场受短暂利空因素的影响，股票普遍下跌5%或10%的时候。这种现象不会发生在整体市场上，而是发生在某些个股上。例如，房地产股票受某些利空因素影响，股价在一天之内暴跌20%，或某些金融企业，由于自身采用的会计方法的问题，以及生意往来而影响其他公司的股价。对于投资者来说，当卖方出现不理性行为，恐慌性地抛售大量股票时，就是大好的买入机会。

关于"市场先生"的下一个关键认知是：是否在他情绪低落时买进股票，在他高兴时卖出股票。价值投资者很清楚"市场先生"绝对不是冷静和理智的人，不能期待他来帮助投资者进行决策。当"市场先生"遭到冷落时，他也不会丧气。他每天都会出现，持续报价、买进或卖出，而不会因为他没有回报预期、风险控制或投资风格而气馁。

理解"市场先生"的情绪，能够让价值投资者对于自己的决策更有信心，一旦下定决心就不再犹豫。例如，假设投资者在每股20美元买进，但股价下跌到 15 美元，若价格下跌不是公司基本面变坏的反映，价值投资者就应对买进决策更有信心。股票价格有涨有跌，这是股票市场的功能。股价的短期表现并不重要，了解这一现象，价值投资者就会如释重负，并平添无数信心。

从上面的解释中，我们可以看到"市场先生"的第四个特征，其存在是为了服务投资者的，而不是为了帮助投资者做决定的。"市场先生"以很高或很低的价位出售某公司，不代表投资者也可做这种决定。这点很重要，有关内容在第 8 章会得到详细讲解。在接受"市场先生"的报价之前，价值投资者必须清楚自己的计划，而不会因为市场价格波动买进或卖出某些企业。只有投机者和短线玩家才随行情进行买卖。投资或购买企业应该抱着主动态度，而不是被动态度，在投资决策上应有完整的研究结论，然后才可以趁着价格波动进场投资。毫无疑问，这种投资需要高度的自律。

最后，"市场先生"不是冷静、理智的思考者。巴菲特认为，如果投资者对于所投资企业的价值的理解不如"市场先生"，那么根本就不应该参与投资游戏。投资者应该在不受市场行为干扰的情况下，判断什么是好机会。真正的价值投资者应该在价格低得离谱的时候买进好企业的股票，而且在价值高估时卖出股票。

"市场先生"作为一种自律的工具

带着"市场先生"的概念参与股票市场，对价值投资者是有好处的，因为可强化情绪自律，这可从以下两方面看到：

第一，了解"市场先生"非常情绪化，让投资者在市场波动较大时更有信心。如前面提到的，价格波动对于价值投资者非常有利，使其有机会以低价买进出色的企业。

第二，投资者由于对市场偶尔出现波动有所预期，更有耐心分析评估投资机会。错过目标价并不是什么问题。如果价值投资者错过某个市场提供的有利价格，不用担心，市场还会出现相同的现象。

考虑经济环境而不试图预测未来

许多投资者都通过经济指标，分析、判断市场动态。Conference Board 网站每月都会公布经济指标数据，该网站提供的经济指标有三种：落后指标、同时指标与领先指标。根据定义，落后指标的数据都来自已经发生的事件，例如就业数据、服务业消费者物价指数以及商业与工业贷款等。同时指标反映的是当时的整体经济状况。领先指标对投资者最有用，通常能够预先反映经济整体状况，领先指标通常包括：

1. 制造业每周平均工作时数。

2. 初次申请失业保险的每周平均人数。

3. 制造业对消费品与物料的新订单。

4. 供应商效率（延缓交货扩散指数）。

5. 制造业对非国防资本货物的新订单。

6. 新私人住房单位建筑许可证数量。

7. 股票价格（500 种普通股票）。

8. 货币供应量（M2）。

9. 利率差（十年美国国债利率减去联邦基金利率）。

10. 消费者预期指数。

价值投资者通常都不会预测整体经济或股票市场的发展方向。从整体角度来看，价值投资者很少公开评论股票市场的行情，也不会讨论影响股票行情的经济数据。巴菲特经常表示，让他开心的是个别企业，而不是整体市场。的确，价值投资者运用特定的方法获得所需信息，以决定什么时候买进或卖出。虽然价值投资者不花时间去了解市场走向，但这并不代表他们不关注股票市场的宏观环境。

事实上，当对待股票市场时，有一种思维框架值得参考。我将它阐述如下：明确利率走势与企业盈利状况，小心通货膨胀。利率是影响公司估值的最重要的因素之一。1999 年，《财富》杂志刊载的一篇文章中，巴菲特很好地总结了利率对于整体市场的影响：利率对于公司估值的影响如同重力对物质的影响：利率水平越高，向下拉的力量越大。

市场中有多种不同的利率类型，基础利率、贴现率、国库券利率、联邦基金利率，等等。虽然这些利率大多呈现相同的走势，但最重要的仍是联邦基金利率。联邦基金利率是银行为了维持一定的准备金水平，从而向其他银行借款而产生的利率。高利率意味着银行准备金紧缺，货币供应较少。低利率意味着银行准备金充足，可以提供更多借款以刺激经济增长。当然，这会影响到收益率曲线——可反映短期和长期利率关系的图表。收益率曲线通常是斜率为正且向上倾斜的，也就是说短期利率低于长期利率，也就符合了通常情况下贷款提供者对长期借款要求高利率这一事实。当短期利率高于或者接近长期利率时，收益率曲线将反转，即美联储提高利率以冷却经济。

在其他条件相同的情况下，了解联邦基金利率将帮助投资者判断短期利率走势，进而判断收益率曲线的形状。这对经济的总体健康发展和公司盈利情况有着显著的影响。

公司税后利润同等重要，价值投资者将买股票作为一种投资方式，目的是将来在收回成本的基础上获取额外报酬。只有企业能够赚钱，投资者才会从中获益。基于公司基本面和经济走势的影响因素得出的预期回报非常重要。第2章详细阐述了公司基本面，包括企业素质、管理能力和产业竞争力。经济驱动因素包括利率走势和通货膨胀。

投资者密切关注通货膨胀，因为它对实际回报有着很强的影响力，并且能在借款者和贷款者之间重新分配财富。例如，如果通货膨胀过快，借款者将来获得的收入将小于现在预期的那样。在这种情况下，财富被重新分配了，从借款者手中转移到了贷款者手中，后者的货款成本低于预期。通货膨胀也影响储蓄与公司盈利能力。有三个指标来衡量通货膨胀：GDP平减指数、生产者物价指数PPI、消费者物价指数CPI。GDP平减指数涵盖范围广，包括来自政府、国际贸易、企业投资在内的所有的最终产品和服务。用名义GDP除以年实际GDP就是GDP平减指数。这个公式也可以以季度数据计算。而PPI和CPI则以月度数据计算。

PPI 通常被看作是先验指标，因为它的计算用到的是一篮子用于生产最终产品的原料。PPI 指标在每月的第二个星期公布。CPI 也许是衡量通货膨胀最普遍的指标。它衡量样本篮子中最终商品和服务的每月价格。CPI 是可靠的，经常被用来反映大多数人的生活成本水平。价值投资者运用以上指标中的一个或多个来衡量通货膨胀。除了这三个指标，其他因素例如产能利用率、采购经理人指数、失业率等也会被考虑。

价值投资者知道利率、公司利润、通货膨胀可以有助于更好地了解"市场先生"的情绪，从而正确买入。但是，除非投资者的心智具备自律性，否则这些了解市场的方法都是无效的。

以周期性的视角思考

价值投资者采用分析的方法对待市场。他们以周期性的视角思考。生产者具有周期性，一个行业也是，同样的还有经济和整个股票市场。大多数价值投资者的问题在于他们以线性思维的方式思考，假想好时光会持续，糟糕的时候永远不会好转。巴菲特举了一个生动的例子，投资者经常错失市场中的大好机会，或在高位买进。这是因为他们的"不可动摇的习惯：总是从后视镜里观察，而不是从挡风玻璃向外看"。这是一种群体心态。对此，巴菲特有种解释："牛市一旦开始，并且不论采取什么方法都能赚钱的时候，群众开始被吸引到这场大博弈中。他们对利率和公司业绩并不敏感，这样做只是因为好像不参与到股市中是一个错误。事实上，他们把'我不能错失机会'置于驱动市场的基本面因素之上……通过每天不断地强化自己的信念，他们坚信上帝要他们发财。"

当价值投资者以周期思维思考和投资时，他们可以获益颇丰。因为好时候不会总持续，所以卖掉业绩好的公司的股票是非常重要的。有选择性地购买遭遇困难时期的好公司是非常重要的，因为某些困难时期不会永远持续。关键在于判断适当的催化剂事件。

退一步重新评估

了解外部环境如何能帮助价值投资者正确买入呢？在特定环境下选择恰当的着眼点可以帮助投资者正确买入。在正确买入上，投资者根据环境与起作用的经济因素谨慎挑选工具。在牛市中，判断催化剂事件非常重要。而在熊市中，充足的安全边际是重要的。例如，一家在牛市中买入的公司以每季度 20% 的速度增长，那么投资者要有足够的把握，确保催化剂事件能持续支持它的快速成长。在这种高预期下，增长率下降，如降至 15%，将是灾难性的。在这种情况下，不论以绝对角度还是相对角度思考，这只快速增长的股票都不会便宜，并且其拥有的安全边际也很有限。因此，任何微小的失望都会在股价上产生巨大的影响，因为持续的股价上涨是不大可能的。

高成长公司的股价在增长减缓时会大幅度下降的另一个原因是机会成本。在牛市中，表现好的股票很多，投资者有很多选择，可以随时抛售那些前景不好的或增长特性存疑的股票。当在熊市中买进稳健的企业时，通常缺少明显的催化剂事件驱动股票上涨。因此，安全边际是最可靠的着眼点。正确买入就是在充分认知经济和市场环境后，能以很好的价格买进很好的企业。

摊平买进

虽然没有人能够在市场中"择时"并创造高于平均水平的回报，但时间仍是决定成功投资的一个关键因素。有些人声称能够成为市场时机的拿捏者，但事实上我们并不能充分揭示未来。摊平买进是一种投资者采用的方法，用以提升在"市场先生"的情绪波动中择时的能力。

对于投资意愿，投资者有不同的选择。他们可以选择在一次交易中将资金全部投资于特定的机会，或者采用买进摊平法。将全部资金一次性大量买进一个公司需要精准拿捏好时机。采用买进摊平法，当股价下降到有吸引力的位置时，投资者投入资金中的一部分。并不奇怪的是，这样做的关键是投资者的自律，即在一次交易中不会比要买的多买一分钱。通过像这样地慢慢买进，投资者提高了平均价格，但获得了更多的信心。同样，买进摊平也可以让投资者更好地了解企业。

大多数投资者都会为要买的公司设定一定的投资金额。举个例子，假设你有5000美元去投资一家公司，并且已经判断出这是一家好公司。在运用价值投资框架的五大关键之后，你认为合理的价格是每股15美元。你可以一次性全部购买，或者每次买一部分、分多次购买。如果股价是 15 美元，你决定购买 50 股。当股价达到每股 13 美元时，你决定购买 100 股或更多。只要投资者足够自律（支付的数目不会超过合理价格），根据买进摊平法，他们肯定可以按照比他们愿意支付的数目更低的价格获得公司股票。

买进摊平法是保证正确买入的好方法，因为大多数投资者倾向于在价格高的时候买进，而不是在价格低的时候这样做。买进摊平法可以保证买进价格不超过某个水平，所以可以帮助投资者避免追高。在上涨中买进通常会导致支付溢价。所以买进摊平法最好在价格波动的市场中运用，例如当经济不明朗，"市场先生"喜怒无常时。

然而，买进摊平法在牛市中并不适用，因为股价趋于上涨。这给投资者较少的机会去向下摊薄他们的成本。在这种情况下，资金往往无法被充分投资，因为市场不提供这样的机会。

同样不幸的是，根据不同投资规模，买进摊平的代价可以是很高的。在不同交易中购买股票会导致高交易成本，并且也会影响到将来的回报。因此，机构投资者会认为买进摊平是一个好工具，但对资金有限的个人投资者，买进摊平可能不会有助于成本节约。

为了有效使用买进摊平法，投资者必须估计要投资的金额，并决定此种方法是否具有经济上的合理性。虽然每次交易的佣金可能不同，但投资者必须明确采用这种方法所需要的交易费用，考量是否具有成本效益。伴随着线上交易的竞争日趋激烈，佣金费用会持续降低。不久，买进摊平法将会对每一个人来说都是经济的。

跟踪投资时，股票所有权是一个动词

价值投资者是值得骄傲的持有人，因为他们买卖企业，并不是交易股票。他们在识别、分析一家伟大的企业，并最终决定拥有它的一部分的时候，非常认真和谨慎。拥有一个企业同时意味着共享其挑战、回报和责任。挑战和回报是显而易见的。

对于每一个投资者来说，责任是双面的。第一，作为外人，投资者必须了解公司。第二，投资者必须能够让管理层为所有利益相关者，包括消费者、雇员和股东创造价值。拥有一家公司是耗时耗力的。它包括阅读和分析年度的和季度的财报，紧跟行业期刊，收听新闻剪辑，关注同行业内的一家或两家类似公司。对于专业的投资者，这个清单还要包括公司拜访以及与行业专家、管理团队、竞争者的会议。参加年度股东大会也同样重要。

持有人的权利

当你拥有一家公司的股票，你就拥有了企业的一部分。公司发行股票的原因就是因为公司相信，它能够从投资者那里获得资本，同时产生具有吸引力的回报。资本常常用来扩张业务或者在未来用于投资。

对于股票持有人，拥有一家公司的股票的好处有很多。一个好处是将有权利分享公司的利润，并影响公司的主要决定，比如公司治理。股票持有人作为公司的所有者仅仅有一种风险，那就是失去其资本投资。

任何一家公司的董事会都是为了股票持有人而工作的。他们代表股东所做出的管理层决策，往往对公司股票的价格影响重大。一个人可拥有的股票类型各式各样。公开上市公司最常见的股票类型包括普通股、序列股和优先股。

普通股票给予持有人投票权以及分享公司利润的同等机会。考虑到这些权利，普通股持有人被邀请参加公司的特别会议。序列股（比如序列 A，序列 B 等）一般并未包括投票的权利，它是为公司筹集资金而不失去组织控制权的一种方式。依赖于各个序列是如何结构化的，它会包含其特定的权利。

相对于普通股持有人，优先股持有人占据特殊的权利和特权。比如，如果一家公司将要被清算，那么优先股持有人会比普通股持有人先得到支付款项。优先股持有人同样享有分红，但不能因为公司的盈利能力改善而受惠。但是，这些股票持有人没有投票权，除非其应得股息被公司保留特定年份。优先股通常都可以转换为普通股，转换通常在未来的某个时间点开始。

普通股持有人有着和组织有关的非常特殊的权利。当股票持有人买进股票时立即获得权利，并且当股票卖出时这些权利也立即被释放。同样有股票持有人权利计划。公司管理团队通常选择这些计划并让持有人投票。

股票持有人同样有着获取年度报告以及其他必需的财务报表，包括季度报告和收益报告的权利，以获悉持有人公司的当前情况。股票

持有人每年都被邀请到公司年度股东大会，在这里，他们可以和公司的
CEO 或其他官员就管理方面的问题交流。

在 2001 年 6 月，美国证券交易委员会的首席会计师在近期的一次
发言中给投资者提供了 16 项权利。

1. 投资者有获得公平合理待遇的权利。

2. 投资者有权利要求公司管理者与董事有责任把投资者的资金当作
   自己的资金一样妥善保管。

3. 对于公司董事会及以下的所有管理者，投资者有权利要求公司培
   养廉洁、诚实的文化，并遵守法律的精神和条文。

4. 投资者有权利要求企业管理者有话直说——告诉股东有关公司的
   完整信息，不能故意遗漏、渲染、拐弯抹角，也不得有任何拖延。

5. 投资者有权利要求公司董事与管理者，培养正直的公司文化，不
   要专挑好听的说，或专门为个人或公司目标的实现做有利的报道。

6. 投资人有权要求公司经营者了解，他们的任务是管理企业，不只
   是赚钱而已。

7. 投资者有权利让公司管理团队确实了解，他们只是照顾股东利益
   的仆人而已，绝对不是股东的主人。

8. 投资者有权利要求公司提供即时而充分的报告，报告确实反映公
   司基本面状况，包括完整而客观的财务报表。

9. 投资者有权利要求独立会计师站在投资者立场，确实查明所有值
   得怀疑之处，而不只是完成工作而已。

10. 投资者有权利要求一个独立、追究真相、具备财务专业知识且态度积极的审计委员会，站在投资者的立场，监督公司经营。

11. 投资者有权利要求有一个独立、积极、具备专业知识而态度勤勉的公司董事会，每位成员都能了解他之所以被推选，是为了照顾股东而非 CEO 的利益。

12. 投资者有权利要求成立公司治理系统，确保公司与管理团队对于一些可能影响股东利益的事务（如扩大股票期权计划），必须先征求股东同意。

13. 投资者有权利要求真正的分析师从事真正的分析，他必须优先考虑投资者的利益，随后才是他与公司的关系，或达成下一笔生意的可能性。

14. 投资者有权利要求有公平合理的证券市场，每笔交易成交在可能的最佳价格上。

15. 投资者有权利要求基金公司及时、透明地公布基金的绩效。

16. 投资者有权利要求主管当局和标准制定者优先考虑投资者的利益，促进而不是妨碍投资者保障与有效市场。

把季度收益评估作为工具

公司每三个月提供一次收益报告。季度财报用于告知股票持有人公司当前的运营情况。投资者可以通过公司网站的邮件系统或通过致电投资关系部门获取公司的财报。除此之外，有很多软件拥有收益日历，可以告知投资者那些即将宣布财报的公司。

公司间的财报有着非常相似的结构。标题通常汇总上一个季度的发展情况，以黑体字书写重要的季度数据摘要。举例来说，移动电话公司可能会强调用户增长率，住宅营建商可能会强调积压订单的数量。每个产业或每家公司的标题都不尽相同。

财报的第一段通常给投资者提供这一季度的收益数据。它们以总量的形式展示出来，包括每股数值。财报同样提供这一季度较上一季度收益的对比，以及与去年同期的对比。这方面的资料，通常也包括不含特殊项目的收益。这些特殊项目包括收益的增长和下跌，也包括业务出售和公司重组的费用。如果当季收益明显太高或太低，那么公司方面通常都会解释其中的缘由。

下一份数据包括这一季度的销售情况，这也是分析师所说的最重要的数据。投资圈密切关注着销售数值，因为它是财报最重要的部分，特别是对于负收益的公司。与收益一样，销售数据同样给出了同比情况以及一系列的对比，同时给予了对一些异常结果的解释。

当有关总销售额和净利润的数据讨论过之后，季度财报同样提供了其他一些投资者认为非常重要的项目。这些包括，这个季度的营业收入、毛利率、新订单，等等。这一部分在说明有关总销售额和净利润的数据的优势和劣势方面有着重要的作用。

财报的下一个部分是该季度管理方面的解析，包括这一时期的信息揭露以及未来业务的展望。这一部分的语气非常重要，由于股票市场是前瞻的，管理方的展望经常会在很长时间影响着投资者的情绪。这里，管理团队可以决定讨论各种各样的组织业务线及其表现，并就他们认为的公司在下一个季度的收益情况为投资方提供（盈利）预测。投资者则慎重地看待这一预测，因为这些数值将会影响他们自己的预期。如果投资方认为管理方过于保守，他们可以提高其收益预期。另外，如果管理方被认为是激进的或者其预期是不现实的，那么投资方的这一预期应该得到下调。

接下来经常有一两段关于法律事务的说明，然后是总结。最后是财务报表与分析，包括利润表，资产负债表，以及管理者提出的分析与说明。

利润表通常在两个时间段内呈现，当前季度数据呈现三个月的表现，今年到现在为止的数据呈现从这一财年开始到现在公司的表现情况。

分析收益报告的三个步骤

分析收益报告最重要的方面就是要理解数字的含义，而不是它们是多少。它们所呈现的是历史，而并不是对未来的预测。而企业的价值是基于即将到来的东西。

第一步：查看这些数字的趋势。比如，在重要的数据和利润率中展开严谨的调查，查看它们与公司管理各方面有着怎样的联系。基于时序的原则计算变化的百分比，比如以年为单位。你也可能希望对前一年的收益情况做一个分析，尤其是如果你刚投资该公司不久的话。对利润表和资产负债表的百分比计算可能是一个枯燥的工作，特别是当跨越多个季度时。但是，这些信息可能极其重要，往往可以让你看到应该留意的地方。

举例来说，如果销售额趋势明显向下，但经营者在前一季度报告中的看法乐观，意味着经营者对未来发展的判断能力有问题。如果数据变动太大，经营者又没有给出适当的解释，投资者就应该深入调查。

第二步：了解相关数据背后的资料，深入分析资产负债表与利润表内的所有相关科目，尝试评估这些资料对于未来季度发展的含义。包含收益报告的财务报表一般没有审计。因此，投资者要仔细审查其质量，这并非仅限于它所传递的信息，还包括管理层提供的数据。

基于当期销售的收入加入到了同期的报告中，尽管计入当期收入的货款未必已经收到了。价值投资者要仔细观察、评估公司收入在当前这个季度是否被高估，这是由于这一期间公司要在该季度末尽可能地提高收入。一般来说，营业费用也在这一个季度中产生，包括产品材料费用、劳动力成本、研究发展部门和行政部门费用等。对一个不正常的过高或者过低的营业费用，应该查明其来源。营业费用偏低，会造成营业毛利率偏高，反之亦然。在营业费用中经常包含的一项为一次性费用或者重组费用。遗憾的是，这种一次发生的事件却在很多公司中一个季度一个季度地重复发生。这往往要由投资者来决定这种一次性事件是否真的只发生一次。如果看到这些一次性事件经常发生，价值投资者就应该警觉，因为这代表经营状况的不稳定。重组费用，则可能有助于提升未来的收益。举例来说，现在提取较高的折旧费用，未来的收益就可以得到改善。

价值投资者非常依赖于报告的脚注部分以指导自己如何应对这些变化。脚注往往提供丰富的信息来判断某一个事件本来是一次性的还是重复发生的。在考虑脚注信息之后，投资者应该适当地做出必要的调整。除了重组费用以外，与会计变更、终止运营和非常项目有关的损益应该被检查，以保证其准确性。

经过对收入和营业费用的评估之后，投资者就会对将来的营业收入和息税前收益有一个深入的理解。投资者或许希望计算每季度的EBITDA，这可以通过加回折旧与摊销来做。

为了评估公司的收益，投资者要继续仔细分析利润表。下一个需要注意的地方应该是净利息费用项。打比方，你的利息费用都发生在银行借款与债券上。利息费用经常以净额的形式表现，包括来自投资、有价证券以及银行现金的收入。如果某一个季度同期利息收入很高，净利息费用可能非常低。投资者必须确定这种情况能够代表未来的利息费用。只要稍微估计公司的负债数量，大概就能够了解这一点了。

接下来是评估税率变动的情况。这方面的考量，主要是评估当时的税率是否适用于未来，以及该期税金是否符合过去的申报资料。如果某季度的税率较过去偏低，就需要深入研究，然后才可以计算净收入或净收益。计算每股收益，投资者应该采用充分稀释之后的发行股数。

对于资产负债表，取决于具体行业和当时的环境，焦点常常是流动资产和公司的总负债。流动资产包括的条目如：存货、应收账款、有价证券以及现金。企业经营者有足够的空间来调整每季度的这些数值。比如，企业经营者可以改变存货的记账方法以充分利用通胀的优势，如把先进先出改为后进先出。应收账款也需要特别留意，看看坏账准备有没有异常变动的情况。

考虑到公司的债务，通常评估公司长期或短期债务，以及应付票据，是否出现难以解释的异常变动。

第三步：想想购买公司的理由，也问问自己业务是否有变化。一些价值投资者有写下来他们买进这家公司的主要原因的习惯。在市场波动期，回顾这些原因。如果股票交易在一个很理想的水平同时没有很严重的变动，那么可以购进更多的股票。

在评估季度收益情况时，为持有股票写下这些关键原因也非常重要。同样，企业管理者需要季度报告来让投资者及时了解公司的情况。积极的企业所有人持续地反复评价这些原因；就好像他们自己经营这家公司。这对于投资者来说是一个好的方法，可以使他们捕获策略或运营上不利的变动，这些变动常常会对公司资产造成永久影响。

评估 Pactiv 公司的收益报告

在比较去年同季度的百分比变动之后，利润表上有两个数字引起了我的注意。第一，销售、管理及行政费用和去年同期相比减少了35%。这是个好消息，因为这意味着管理层执行了预先制定好的减少成本的计划。第二，大量减少的短期债务，从财年年初开始减少了96%。公司大幅度削减资产负债表上的债务，降低财务杠杆的比率。债务 / 资本市值比率由会计年度期初的 60%，减少为 52%。此外，我也计算了应付账款周转率、存货周转率和应收账款周转率，以便观察公司管理层如何有效控制营运资本的这三个主要部分。

················ 案例研究：Pactiv 公司第三季度收益报告················

以下是收益公告的内容：

Pactiv 宣布第三季度纯收入大幅增加，营业毛利率显著提升，现金流稳固

伊利诺伊州森林湖市消息，2000 年 10 月 26 日：Pactiv 公司（纽交所：PTV）今天公告称，2000 年第三季度纯收入为 3800 万美元，每股 0.24 美元，较去年 400 万美元，或每股 0.01 美元，成绩大幅提升。1999 年，纯收入由两部分组成，持续运营纯收入为 400 万美元，每股 0.01 美元，另一部分是已经终止的纸板业务运营纯收入为 800 万美元，每股 0.05 美元。1999 年第三季度纯收入受到税率偏高（87%）的不利影响，后者是因为 1999 年 11 月 4 日 Pactiv 公司由母公司田纳科公司（Tenneco, Inc.）分拆为独立公司上市，当时的相关海外收益流回本国。如果依照当期税率 42% 计算的话，全年第三季度的每股收益为 0.1 美元。

考虑到外汇、资产剥离、终止产品线等不利因素的调整后，第三季

度的销售额增长 4.5%。这方面的业绩主要来自消费者与食品服务 / 食品包装部门等核心产品的增长。账面的销售金额为 7.3 亿美元，与去年相比下降了 3.2%。

第三季度营业收入为 1 亿美元，较 1999 年第三季度的 6900 万美元增长了 45%。虽然原材料成本明显提高，但第三季度的营业毛利率仍为 13.8%，比 1999 年的 9.1% 要高，这是因为产品价格的提高以及公司分拆带来的成本减少。毛利率状况持续改善，为 30%，较 2000 年第二季度增加了 0.7%。销售、管理及行政费用占销售额的比例为 10.1%，较 1999 年同期水平降低了 5%。

Pactiv 的董事长兼首席执行官理查德·L. 温伯德（Richard L. Wambold）认为："2000 年的主要目标是提升毛利率，重塑公司结构来提升收益能力。我们很高兴毛利率情况持续改善，较前一季度增加了 2.4%。至于第三季度的表现，原料成本持续回稳，同时其他成本继续下降。"

因为本季的现金流情况良好，总债务减少为 17 亿美元，较第二季度减少 8900 万美元，比去年年底减少 3.95 亿美元。此外，公司也完成了价值 1 亿美元的股票回购计划，总共买回 1170 万股，平均每股价格为 8.5 美元。

部门结果

消费者与食品服务 / 食品包装

在资产剥离与终止部分产品线的调整之后，消费者与食品服务 / 食品包装的销售额增长了 5.4%。消费者与食品服务部门的第三季度营业收入为 7200 万美元，和去年同期的 5400 万美元相比，增长了 33%。今年第三季度的营业毛利率为 13.5%，而去年同期为 10.2%，2000 年第二季度的则为 13.2%，主要是由原材料成本提高导致的产品价格调整造成的，同时我们也削减了其他低利润率的业务。

Hefty 牌垃圾袋的销售依旧很好，在食杂店、大宗批发商和药店的市场占有率一直保持领先水平。在食品服务 / 食品包装方面，公司第三季度继续执行"一站式购物"的策略，而且在乔治亚州科温顿市成立了新的区域性分销中心。遍及全国 55% 的经销商可以在一站式购物中采购多种产品，然后由区域性分销中心出货。这样不仅提升了客户服务水平，也降低了公司的库存数量。中西部分销中心在第四季度开张之后，这种服务能力将遍及全国 80% 的经销商。到 2001 年，上述服务将会遍及全国各地。

保护性与弹性包装

如果排除外汇与 1999 年年底的业务剥离等不利因素，第三季度的销售额会增加 2.2%。第三季度营业收入为 1200 万美元，而去年同期为 1900 万美元，较 2000 年第二季度的 1000 万美元有所提高。第三季度营业毛利率为 6%，较第二季度的 4.9% 有所增加，这是因为原材料成本上涨带来的产品价格调整。

温伯德解释："我们可以看到，从第二季度北美地区开始我们采取的应对策略已经产成了明显的效果。正如第一季度中谈到，我们的运营重心是放在塑料原料上涨带来的毛利率损失，此外，今年，我们针对北美与欧洲地区也采取了应对措施以提升运营的效率。"

从今年截至目前的结果

高于 1999 年同期的 5600 万美元（每股 0.33 美元），今年前九个月的持续运营纯收入大幅度增长，达 1.06 亿美元，或每股 0.65 美元。在外汇、资产剥离与终止产品线等不利因素调整之后，截至目前的销售额增长 7.9%。

前九个月的账面纯收入为 2.4 亿美元，每股 1.47 美元，包括持续运营部分的纯收益 1.06 亿美元，每股 0.65 美元，以及终止运营部分的纯收益 1.34 亿美元，每股 0.82 美元。与 1999 年同期相比，公司净损失为 1.38 亿美元，每股 0.83 美元，这包括持续运营部分的纯收入 5600 万美元（每股 0.33 美元），终止运营部分的纯收入 1.55 亿美元（每股 0.93 美元），非常损失 700 万美元（每股 0.04 美元）以及会计方法变动造成的损失 3200 万美元（每股 0.19 美元）。2000 年前九个月的账面销售额为 22 亿美元，较 1999 年略微增长。

展望

在第四季度收益展望方面，公司对之前估计的每股 0.26 美元仍充满信心。在 2001 年，公司将重新确认之前确定的目标，每股收益增长率大约在 12% ～ 15%。

第二步[⊖]：我回顾了之前计算过的百分比变动，公司对于这些数据

⊖ 在"评估 Pactiv 公司的收益报告"一节中，原书并未标识第一步（Step 1）。

的解读，让我感到很满意。因为公司处理了一些资产，停止了一些产品线，当季的销售额减少 3%。此外，销售额也受到了汇率变动的不利影响。我预计，之后的几个季度情况可能会好转。虽然我们无法预测这些不利因素，但毕竟都属于非经常性项目类别。

我通过把本季度的营业收入和销售额相除来计算对应的营业毛利率。由于该公司应对原料成本增加而提高产品价格，第三季度的营业毛利率由 9% 增加至 14%。这是个较好的消息，意味着公司对产品价格的控制能力超过客户，所以能把因原材料上涨带来的压力转嫁给客户。我也发现净利息费用减少了 400 万美元。在浏览资产负债表之后，我推测这也是公司债务减少带来的结果，公司肯定利用了自由现金流来清偿债务。这显示 Pactiv 公司的财务状况变得更加良好，虽然其生产成本有所提高。

公司的税率大幅减少，这个现象非常值得关注。我计算过该公司的实际税率，通过把营业收入减去净利息费用以得到税前收益数据。2000年第三季度的税前收益为 6600 万美元，1999 年同期的数据则为 3100万美元。接着，我用所得税费除以税前收益。相关的数据分析表明，Pactiv 公司 1999 年的实际税率为 87%，2000 年的为 42%。税率下降幅度如此之大，虽然很不寻常，但主要原因是 1999 年的税率太高。我认为 2000 年出现较低的税率才是正常现象，因为 1999 年属于特殊年份，这一年 Pactiv 从田纳科公司分拆出来。通过经验我们知道，在刚从母公司分拆出来的时候肯定会发生一些不寻常的事情。

接着，我观察了该公司终止运营方面的数据。虽然金额只有 800 万美元，但是我要确认这次是一次性的而不会是重复发生的非经常性事件。结果，这800万美元盈利是出售某特定部门而实现的。我对2000年截至当时的数据很满意。可是，我越深入了解终止运营部分与非常费用的情况，我越希望对这两项更加确认一些。

第三步：以下列举的是我希望投资Pactiv公司的五项理由。在分析收益报告之后，我并没有改变几个月前我对于该公司的评估结果：

1. 公司创造的自由现金流令人欣慰，品牌实力强，市场占有率较高。这些结果都没有改变。事实上，现金流超过了我当初估计的程度，因为该公司提高了产品价格，改善了营业毛利率状况，同时降低了利息费用。

2. 管理团队很强，同时具备恰当的财务激励，此结果没有改变。

3. 节约成本与出售资产的机会明确而真实。该结果没有改变。公司持续进行的节约成本计划及资产剥离，带来了一次性的出售资产盈利，并使得公司利润率提升。

4. 原料成本已经很难继续攀升。节约成本的效益将直接带来净利润增加。原材料成本持续攀升，尤其是树脂。我相信，部分原因是因为油价上涨，这些暂时性的利空催化事件的影响迟早会褪去。

5. 基于非上市公司的角度来看，该公司股价较低。如果股价持续走低，基于自由现金流的稳定性，该公司很可能会成为被收购的对象。该结果没有改变，但该公司的举债能力变得更强，所以更加吸引并购方。

充分利用公司电话会议

通常情况下，只有专业的基金经理人和分析师才会参加上市公司的电话会议。对私人投资者而言，听取这种电话会议的结论和转述极为重要。事实上，最精明的投资者也未必会在电话会议上提出自己的问题，他们更多地只是听取他人提出的问题和公司管理层的回答。

可是，如果你真的很想参加这种招待会，你应该把问题的焦点放在现金流或者其他财务状况上。举个例子，如果我参加 Pactiv 公司的电话会议，我可能会询问有关节约成本的计划、新产品的详细内容或者询问公司使用自由现金流准备解决的问题的优先顺序，等等。

投票权

股东对可能影响公司的重大事件拥有投票权。所谓的重大事件涉及面很广，包括对并购计划的探讨甚至是选举董事会。对持普通股的股东而言，每个投票权都能发挥影响力，上市公司的经营者非常重视股东的投票权。长期股东甚至可以自行提出计划或者草案。

一般而言，每个股份都有投票权。可是，有些公司发行不同等级的股票，拥有的投票权也不尽相同。这些特殊等级的股票通常由公司的大股东持有。

每年进行股东大会之前，股东都会收到其签署的委托书。这份法律文件说明公司经营者将推出的计划需要经过股东投票通过才行，也解释了公司高级主管的薪酬和公司股权分配的情况。

投票在股东大会上进行。你也可以通过电子邮件进行投票，有些公司甚至允许通过邮寄方式参加投票，或者在特定的网站上投票（www.proxyvote.com）。

买进并且持有，但不是永远持有

买进公司股票同时长期持有（持有五或十年）的投资方式有利有弊。对非专业的私人投资者而言，买进并持有战略是不错的选择。买进股票之后，投资者不必关心短期的股价波动，不必每天考虑是否应该卖出股票的问题。投资者可以把时间放在公司的基本业务方面。此外，买进并持有战略有利于规划税务。长期投资者可以享受较低的资本利得税。

只要价值的五大关键的构架运用得当，就可以整理出一套健全的投资策略。这种投资哲学表明，长期投资是最好的投资方法，因为投资者对被投资企业所经营的业务、支付的价格、推动股价上涨的事件和下行空间都很有把握。投资成败的关键在于是否具备耐心和纪律应对股价下跌的情况，同时在行情过热时保持头脑冷静。

买进并持有策略的缺陷之一是进场时间与催化事件生效之间的间隔可能会很长。等待的时间越长，投资回报越会因为通胀而变少。此外，如果投资周期长达十年，当时投资的公司在十年之后可能会变得完全不同。因此，很多投资者只考虑三到五年的时间，公司在此期间有充足的时间产生足够的回报，而其性质不会因为时间过久而产生质变。

总体而言，我认为买进并持有策略是正确的，问题在于"长期"到底有多长。如果太短，那就更像短线交易而不是投资。持有时间过长又会使实际回报缩水，这时投资理由也会发生变化。专门从事并购业务或杠杆收购的投资者会考虑三到五年之间。如果基本面情况得到持续改善的话，实际持有时间当然可以是"永久"。可是，为了更好地估计企业价值和评估公司经营者的计划，还是需要设定一个出场点。因此，如果考虑到目前的时代背景，五年或者十年可能太长，投资股票的合适时间可能在三年和五年之间。

何时卖出呢？

遵守严格的纪律，价值投资者会耐心等待"市场先生"告诉他们合适的买卖时间。某些公司处于价值被低估情形的时间很短，可能也只是几天而已。如果市场"允许"我按照很大的折扣价格买进的话，我就投资。所以，我的某些投资部分较小，这不是因为机会不佳，而是市场不允许我买进更多的股票。因此，如果我认同这个机会，我会建立起相当的投资规模，然后依据下列事件而卖出。

1. 正在进行的分析显示，公司的基本面情况出现恶化，或者企业资产永久性减值。

2. 股价上涨到合理的水平。

3. 投资时确定的催化事件已不可能发生或者相关的催化事件已被证明无效。

第 8 章

创造价值想法，构建独立的投资组合

创造价值投资想法：翻遍每块石头寻找答案

价值投资者一般会通过三种资源为他们的投资组合找到最佳的投资机会。这些资源包括财经出版物和其他媒体、计算机的"界面"和你的社交网络。浏览财经出版物得到价值信号，运用计算机数据库，以及充分利用志趣相投的投资者组成的社交网络，是漫长而烦琐的分析过程的第一步，这个过程将找出最适合用于基础分析的公司。有很多投资者都使用这个技巧。但是，有一群人特别偏好这种技巧，我们称之为价值投资者。好的投资想法基本上很难找到，每年可能只能遇到一次。

独特的投资想法可以创造出独特的投资前景。虽然沃伦·巴菲特和本杰明·格雷厄姆都是著名的价值投资者，但他们的筛选准则却各有不同。

本杰明·格雷厄姆的筛选准则大致如下：

- 市盈率低于 15 倍

- 企业市值低于有形资产净值 1.2 倍

- 资产负债率必须大于 2

- 长期负债不能超过流动资产净值的 1.1 倍

- 市值超过同业平均水平

沃伦·巴菲特的筛选准则大致如下：

- 单纯且可预测的业务

- 有证据表明经营者的能力卓越，品质端正

- 公司的内含价值增长率大于通货膨胀率

- 税后收益超过 1000 万美元

- 净资产收益率高于平均水平，且杠杆很低

- 过去 10 年的收益增长率超过通货膨胀率

我们可以看到以上两种筛选标准的差异是本杰明·格雷厄姆注重价格，而沃伦·巴菲特则注重价值，并通过价值决定合适的价格。

借助财经媒体：寻找价值，然后等待合适的价格出现

投资者可以通过各种财经媒体寻找到好的投资对象，包括电视、收音机、互联网、平面媒体。电视频道与节目包括美国消费者新闻与商业频道（CNBC）、彭博电视（Bloomberg Television）、CBS 市场观察（CBS Market Watch）、CNN 财经频道（CNNfn）、路易斯·鲁凯瑟的华尔街（Louis Rukeyser's Wall Street）等都有一个或多个自己的网址，有的还

有自己的广播节目和杂志。这些都是很好的媒介。但是对于有耐心的投资者来说，还是传统的印刷刊物最有用。通过印刷刊物，投资者可以慢慢消化重要信息，做标记，并做计算。

有一些途径可以帮助投资者在财经刊物上寻找价值投资的想法。有些投资者直接浏览每篇报道，另一些投资者则通过他们自己的办法来在特定领域搜索对象。虽然这两种方式看上去不同，但它们都有一个共同的特点：价值投资者知道什么是他们想要的，以及从哪里获得这些。价值投资者希望通过阅读财经刊物获得三样东西：（1）公司、行业知识；（2）潜在催化剂事件；（3）对价值的深入了解。特定的公司和行业知识是指公司出版物所提供的对目标公司或整个行业的深入分析。催化剂事件的识别，来源很多，可能来自一篇报道中对高管变化的介绍，也可能来自新产品技术的突破。

企业的商业交易可以帮助价值投资者了解到某类企业的价值。通过一些行业参与者之间的合作和交易，可以了解相关企业的价值。通过各类财经刊物可以获得某家公司或公司的某个部门被买进或卖出的消息。在这个过程中，要特别注意最常用的价值评估倍数，如：市净率、单位客户收入、每家使用单位数、每天使用量，等等。运用这些资料提供的信息可以为投资者判断企业价值提供参考。

投资者可以用来做参考的资源有很多，包括网络在线或印刷刊物，各种报道风格不同，侧重点也不同，订阅的费用也大多不同。某些刊物仅仅报道事件本身，而有些刊物则强调新闻分析及事件未来发展。

专业的价值投资者会参考多种类型的刊物和订购服务，并将尽可能多的财经新闻信息结合起来。而个人价值投资者的选择则比较少，因为订购服务的价格不菲。但是，还是有一些不论是专业的还是个人投资者都可以接受的非常好的刊物，例如：《华尔街日报》(*The Wall Street Journal*)、《巴伦周刊》(*Barron's*)、《投资者商业日报》(*Investor's Business Daily*)、《商业周刊》(*Businessweek*)、《财富》(*Fortune*)、《福布斯》(*Forbes*)。每一项投资的情况未必相同，对于选择财经刊物没有所谓的正确与否。

从《华尔街日报》中寻找价值。《华尔街日报》有三个商业经济相关的部分。第一部分，市场，资金与投资。它包括当天所有的重要报道，涵盖经济与政治。这个部分可以让读者可以很容易地快速浏览当天的重要新闻，但缺乏深入报道。市场部分突出介绍新市场的发展，资金与投资部分，则针对投资主题，提供分析和解释。这一部分还包括大量的投资参考数据，如股票、共同基金、外汇交易、债券，等等。

通常对《华尔街日报》的阅读采取以下方式：第一，浏览报纸第一页"新闻摘要"(What's News)专栏。价值投资者可以在此寻找催化剂事件或估值见解。如果发现对某篇文章包含的价值特性感兴趣，就可以着重阅读整篇文章。

接下来，若价值投资者对某个特殊公司感兴趣，并希望通过当天的报道获得最新的资讯，可以翻阅"企业索引"(Index to Business)。及早浏览这部分内容还有一个好处，通常，投资者当下认为一些公司没有亮点，而不准备进行投资。但这个索引可能会触发投资者对这些公司的一些新的想法和兴趣。

浏览索引部分之后，接下来可以翻阅最常被忽略的催化剂事件，也就是"人物新闻"（Who's News）。这部分报道企业高管变更的相关新闻。价值投资者清楚企业高管的变更将是企业价值变化的信号。或许最佳的投资对象是那些在高利润率行业中盈利能力不佳的企业。

接下来翻阅"股票市场数据库"（Stock Market Data Bank）。在这里，投资者可以浏览前一天股票的最高值和最低值，寻找一些价格跌幅很大的公司，如跌幅在25%以上的股票。例如，一个版块发生价格大跌，往往也就是发现价值的绝佳机会。这种情况的发生通常由外部暂时因素引起。如美联储调高利率、某个行业领头个股的盈利不理想。市场通常会反应过度，长期投资者有机会在行业内用最低的估值找到最好的企业。但千万要注意第6章所谈到的价值陷阱问题。投资者也可以通过观察具体的行业表现来寻找机会。例如，某行业股票下跌20%，可能会出现好机会。价值投资者也可以浏览前一栏的"市场动态与小型股聚焦"（Abreast of the Market/Small Stock Focus），了解市场交易情况，以及小型企业的表现。

投资者可以在"行业与企业聚焦"（Industry/Corporate Focus）部分里做深入研究。这是《华尔街日报》对某个特定行业或企业做详细报道的版块，一般会介绍它们当前最紧迫的问题和未来发展。对于个人投资者来说，可以利用这个部分提供的信息积累行业或企业的相关知识。尽管专业价值投资者有实力通过拜访企业高管获得有价值的信息，但个人投资者也可以在这部分中获得专家等级的信息。投资者也可以翻阅"市场营销与媒体"（Marketing & Media）寻找投资相关的信息，尤其值得注意的是破产方面的消息。专业价值投资者有个好习惯，就是将这两栏里感兴趣的文章保存起来并按行业或企业组成不同的文件夹进行归档。建议个人投资者也效仿这个好习惯。

最后，通过这份报纸提供的所有信息，投资者可以感受整个经济发展情况，进而可以对潜在的外部催化剂事件获得初步的认识，而这个催化剂事件很可能对行业或企业，或对两者同时产生影响。

从《巴伦周刊》中寻找价值。《巴伦周刊》可能是价值投资圈子里最受欢迎的刊物之一。每个星期六，这份刊物将整理出一些市场新闻与分析。《巴伦周刊》中尽是有趣的点子、新颖的观点，分析通常会挖掘一些被隐藏的价值并突出被忽略的机会。对于投资者来说，关键是要有能力从大量的信息中进行筛选。

对于很多投资者来说，每周六早上翻阅《巴伦周刊》是非常特殊的时刻。当然，每位投资者翻阅这份刊物的方法不同。有些人是一页一页地读，而有些人则挑选具体的某些部分。接下来我们讨论价值投资者用来寻找机会的《巴伦周刊》的几个部分。价值投资者首先阅读的是"起起伏伏华尔街"（Up & Down Wall Street）。这个专栏通常会对市场整体情况提出有趣的观点，并有一到两个投资点子在内。

报纸中的共同基金部分会介绍每周人物，报道一位著名投资者的背景。价值投资者可以通过这些报道，了解这位投资者的投资理念，并分析该投资者成为一周人物的合理性。如果这个投资经理人确实实至名归，那这个部分会使读者受益匪浅。阅读后，不妨把重要的观点记录下来方便未来查看。

接下来是表格 13D 的申报内容。《巴伦周刊》将所有提交表格 13D 的公司放在一个清单里。通过表格 13D，投资者可以了解投资者的投资意图，揭示其释放某个公司的股东价值或股权增减变化。这部分内容往往可以从企业管理层的变化或未来的重组计划提示可能发生的催化剂事件。"研究报告"（Research Reports）也可能提供潜在的机会。虽然价值投资者在票面价值上很少采纳华尔街分析师的建议，但还是值得了解一下这些分析师建议"买进"或"不该买进"的理由。同一页上通常还可以看到"内部交易"（Insider Transaction）的部分，该部分提供了企业主管或董事买进或卖出自家公司股票的近期申报信息。重大的交易信息都值得深入研究，因为这往往体现了公司管理人员对于公司未来发展的看法。

另外，价值投资者可以翻阅"赢家与输家"（Winner & Loser）、"行情走势图"（Charting the Market）、"市场实验室"（Market Laboratory）等。这三个部分为投资者揭示潜在的投资价值在哪里，提示行业可能被卖空且有助于他们了解发生这种情况的原因。最后，这份周刊按照字母顺序列出一份公司清单，或许值得价值投资者进一步研究。

　　确认潜在目标：《投资者商业日报》。《投资者商业日报》近年来日益受到欢迎，人们通过它来获得很多新想法。除了每天的新闻外，这份报纸还提供自己制作的图表，以及编辑认为表现最佳的公司排名。这份排名取材于 1000 多家公司。由于具备该项特色，这份刊物不仅仅是报纸而已——价值投资者已经把它视为一种工具了。

　　如同其他财经刊物一样，人们可以用各种方式很好地利用《投资者商业日报》。很多投资者在略读过头版的摘要后，就直接跳到"大钱动向"（Where is the Big Money's Flowing）表格，这份表格显示了股价暴跌且成交量高的股票，也为投资者找到便宜股票提供了机会。还有一些其他的报道，例如"宏观看法"（The Big Picture）和"行业类别"（Industry Group），可以帮助价值投资者了解一些被整体市场忽略的行业类。每天的"最近 52 周最高及最低价"（52-week Highs and Lows）也可能是寻找价值的好地方。很多投资者都会利用这些表格进行进一步的分析，锁定某些行业或研究经济形势的某些方面。

　　"全新美国"（New America）部分介绍了一些将来最具发展前景的公司。虽然这些新公司的股价大多偏高，但多了解一下这些公司的情况及其所在行业可以为投资者了解该行业未来如何发展提供帮助。在第 2 章曾经讨论过的行业分析中的两股力量包括：新加入者与替代产品的威胁。在"全新美国"中，可以看到对稳定行业未来的威胁，以及发展非常迅速的行业。还有一些栏目也可看到类似的信息，如"股票消息"（Stocks in the News）、"互联网与科技"（Internet & Technology）、"追随领导者"（Follow the Leaders）。

　　通过《商业周刊》《财富》《福布斯》《价值线》确定潜在目标。 对于很多投资者来说，《商业周刊》是值得从头读到尾的。《财富》《福布斯》也是如此。在此，我们拿《商业周刊》来举例子。读者首先通过"公司索引"（Index of Companies）了解本期介绍的公司有哪些。接下来是"商业周刊本周投资者数据"（BusinessWeek Investor Figures of the Week）。在这里列出了本周市场表现最出色的股票。另外还有一系列投资者会感兴趣的文章，称为"商业周刊投资者"（BusinessWeek Investor）。这些文章大多是分析企业以及其首席执行官的业绩。很多投资者都是某些专栏供稿者或编辑的忠实读者，如《商业周刊》的罗伯特·巴克（Robert Barker）、吉恩·马希尔（Gene Marcial），《财富》的安迪·瑟沃（Andy Serwer）和赫伯·格林伯格（Herb Greenberg）。另外还有一些深受好评且非常实用的财经刊物，如《纽约时报》（*The New York Times*），《金融时报》（*The Financial Times*）以及《彭博杂志》（*Bloomberg Magazine*）。

熟悉计算机筛选操作：寻找好价格，然后发现价值

　　阅读财经刊物可能是件很无聊的事情。阅读所有的财经刊物，当然有助于你寻找价值，但却很难找到一个高效的方法来实现。通常来说，不论是个人投资者还是专业投资者还需要有时间来做其他的很多事情，而不是整天阅读每天、每周、每月的刊物。

计算机的一个基本用途就是可以储存感兴趣的股票数据并能按照某种统计准则定期更新所需要的数据。这样做的目的是筛选出符合特定条件的公司。例如，我们可以筛选出符合以下条件的医疗保健公司：市盈率低于15倍，债务资本化比率低于40%，且企业价值与营业现金流比率小于6倍。这样，我们就可以根据所需要的参数，筛选出所有符合条件的公司。现在有很多网站也可以提供筛选服务。

随着科技的进步与个人计算机的普及，个人投资者从获得信息的角度看，已经不逊于专业投资者。

如今，任何人都可以轻而易举地获得无限的数据资料，包括世界上任何一个上市公司的所有公开信息。曾经只属于专业投资者的筛选过程，现在个人投资者也可以实现，从而获得海量的信息资源。另外，有很多网站可以提供免费的筛选服务。

网站提供的服务很好，但是如果一个人不熟悉如何操作，且不明白数据含义，就会非常危险。因此，筛选程序如果由别人操作而不是由投资者自己做的话，将没有多大意义。价值投资者意识到了这一点。但不幸的是，很多其他投资者并没有认识到这一点，他们往往直接采用别人的准则筛选股票。根据特定的环境，这有可能就是个错误的选择。适合本杰明·格雷厄姆的筛选准则不一定适合你目前的情况。即使采用著名投资者的准则，筛选出来的股票也未必适用于一般投资者。只有当投资者能够完全理解筛选参数背后的理由，且可以合理解释筛选结果，真正的价值才能被发现。知道并理解所有筛选过程的搜索准则是非常重要的，这包含著名投资专家的搜索准则。显而易见，如果不了解筛选方法的弱点，而只是盲目地买进，就很可能造成一场灾难。

投资框架与筛选过程要保持一致。本杰明·格雷厄姆和沃伦·巴菲特采用的筛选方法与他们的投资策略相匹配——前者技术性更强。相比较实际分析过程，用开放的思想进行筛选更为重要。缺乏灵活性可能会错失良机。好的投资对象并不多见，所以最好织一张大网进行筛选。

当筛选股票时，有很多参数可以作为筛选条件。以下列出了比较常用的准则：

- 净资产收益率

- 营业毛利率

- 自由现金流增长

- 市盈率

- 市销率

- 市净率

- 股息性质

- 收益增长

- 股价表现

- 企业价值 / 现金流比率

- 市值

如何进行筛选是门艺术而不是技术。每位投资者都有自己的标准。举例来说，有些投资者偏好公司的利息保障倍数或市盈率是一个他们所希望的具体数字。然而，绝对的数字，乍看之下可能很有用，但如果使用不当或是不适用于外在环境，坏处可能远大于好处。因此，最好不要将特定的数字作为"经验法则"。在下面的蓝图中，只给出了少数几个绝对数字，就是为了避免"经验法则"的误用。

·················· 筛选投资对象：蓝图 ··················

好企业。寻找这样的公司：高净资产收益率、高收益质量及收益增长、自由现金流、可持续竞争优势、杰出的领导层。

价格便宜。根据行业不同，寻找以下公司：市盈率小于15，市销率小于1.5，等于或接近非公开市场估值，且至少比公允价值低40%。

可获得的价值。寻找以下公司：在牛市中比52周最高值低至少50%，在熊市和震荡市中比高点低60%；景气周期公司；大宗商品及低科技含量行业领军企业。

催化剂事件。寻找以下公司：在高利润率行业内寻找极低利润率的公司；股价等于、接近或低于资产负债表中每股净现金；股价低于资产净值或非公开市场价值。

安全边际。寻找这样的公司：干净的资产负债表，相较其他行业参与者，几乎没有负债；有形的资产账面价值，股价接近兼并收购或清算价值。

构建你自己的投资组合

对于价值投资者来说，最有效的追求投资绩效的方法之一就是集中精力在少数几家公司组成的投资组合上。在投资圈内，这种方式称为"集中投资"（"focus investing"）。其目的是，专注于投资几家经过深入研究的企业，也就是最可能获得较高投资回报的企业。通常，这样的投资组合所带来的收益与大盘之间的相关性很低。这些企业通常都是价值投资者最了解的企业，也是他们最有把握的投资目标。

之所以采用"集中投资"，是因为价值投资者认为好的机会很难被发现。价值投资者认为，投资应该等待正确的公司、正确的时间、正确的价格出现。投资者要务必耐心，等待完美的投资对象出现。

如果打算采用"集中投资"的方式，首先要有心理准备，应为这类投资组合往往会经历价格波动的考验。价值投资者对自己评估企业价值的能力要有足够的信心，因为股票价格的剧烈波动经常会导致投资绩效的大幅变动，从而使投资者怀疑当初的决定。因此，投资者对待价格波动的态度各不相同。

绝大部分投资者都不喜欢价格波动。但价值投资者却把波动视为机会。他们在正确的价格时买进，当到达公允价值时就卖出，同时忽略此两点之间的价格波动。"集中投资"是一个非常好的投资组合策略。但很多人都难以接受，因为他们不能经受投资组合绩效大幅波动的考验。

在"集中投资"的投资组合中，由于股票数量比较少，单一股票价格波动对整个投资组合的影响相对较大。有些人认为，较高的风险抵消了这种方式可能带来的回报。反对"集中投资"人忽略了一个事实：价格波动并不代表风险。价格波动仅仅是采用"集中投资"所必须支付的代价。投资者必须有能力承受投资组合绩效的大幅波动。价值投资者信赖"集中投资"战略的理由是，投资者在购买企业，而不是简单地挑选股票。股票价格原本就会涨跌，幅度不尽相同。而投资者所面临的挑战就是在股票价格涨跌的过程中，知道何时应该买进，何时应该卖出。这个问题的答案，不在于大盘走势，而在于每个企业的经济基本面。

投资股票，就等于购买一家公司。事实上，这就是价值投资者是怎样理解股票所有权的——以证券的形式购买一家公司。本着这个原则，价值投资者懂得怎样跟踪每日股票波动，并做出相应的调整。沃伦·巴菲特说得好："成功投资上市公司这门艺术无异于成功并购一家公司的子公司。这两者，你都希望用合理的价格获得经济基本面好且管理团队能干又忠诚的公司。在此之后，你只需要监督这些好的素质是否能继续持续下去。"

"集中投资"是否能够成功，绝大程度上取决于投资者能否正确评估企业价值。非常幸运的是，"集中投资"成败的关键正好是价值投资者最擅长之处，即确定好企业，在正确的价格买进。以好价格买进好企业通常是罕见的机会。

"集中投资"策略应该选择多少家公司呢？通常对于个人价值投资者来说，他们的投资组合中最好有 5 到 10 家公司，而专业价值投资者最好管理超过 15 家公司的投资组合。

为什么投资组合中的公司不宜太多呢？理由有以下几点：首先，研究质量。需要研究的公司越少，越容易达到投资者所需要的研究水准。虽然很多人相信资产组合分散化策略，但学术界已经发现，股票数量少的投资组合也可以达到相似的绩效。

芝加哥大学商学院做了一项研究，希望证实一个假说：美国股票投资组合平均持有 130 只股票，其数量显然过多。为了测试这个理论，研究人员从上市公司的股票池里选择 1 到 500 只股票构建投资组合。结果发现，增加公司数目可以降低风险，但当所持有公司数量超过 16 家之后这种降低风险的效果就会大大降低。另一份研究显示，投资组合包含 15 家公司，就能实现大多数投资者要求的分散投资效果的 85%，而投资组合中的公司增加到 30 家，分散投资的效果只能提高到 95%。

投资组合内包含的公司家数过多，管理上确实存在困难。另外，学术研究也支持"集中投资"。最后，成功的实际操作也证明集中投资组合才是可行之道。在此，我们只需要听听沃伦·巴菲特是怎么说的，他相信只有那些缺乏知识与理解领悟的投资者才需要分散布局。

分散性投资组合可以用来帮助规避无知的风险。沃伦·巴菲特建议投资者应该在他们的投资组合里专注于 5 到 10 个投资对象。但无论怎样，投资组合由多少家公司组成，这是投资者个人的决定。更重要的是，投资要去考虑投资目的、时间，以及由价格波动带来的财务损失能承受多少。

投资圈已经充分了解"集中投资"策略的优缺点，且这些已经过学者们很好的研究。可是，误解仍然存在：拥有集中投资组合，就意味着不够多元化。投资于几个不同的行业，或不同的投资类别，或者兼顾这两者，就可以实现"集中投资"的多元化效果。举例说明，价值投资者拥有的 10 只股票可能涵盖从包装到医疗器械等 7 个不同的行业；投资者还可以选择一家重组企业，几家属于周期性行业的公司，还有一些高增长企业。只要投资类型与行业组合正确，就可以提高投资成功的概率。沃伦·巴菲特的集中投资组合涵盖广泛，从寿险到报纸，再到软饮料。1999 年，沃伦·巴菲特拍卖自己的钱包时，曾在其内藏了一条荐股建议，并推荐一家房地产公司。

那些反对"集中投资"的人相信分散化可以限制价格波动，提升投资的安全程度。即使某只股票的表现不理想，只要投资组合足够分散，就可以缓解那只股票所带来的损失。就是因为这种想法，绝大部分专业基金经理的绩效才会落后于股指。这种想法带来平庸的绩效，重心没有放在如何确定并购买好的投资对象，而放在了分散赌注上。这种想法很容易理解，如果你买进 100 只股票，其中总有几只表现不错。

对于积极管理的投资组合，以及某些个人投资者，投资者不应满足于平庸的投资绩效或仅获得市场回报。有更便宜的途径来获得这样的回报，如购买费用较低的指数基金。太过于强调分散风险，投资组合的性质就变成了指数基金。集中投资组合的目的是创造财富，分散投资组合则是为了保本。

非专业投资者构建投资组合的方法如下：

- 对于投资组合绩效的波动，在心理上和感情上都做好准备。

- 严格遵循价值投资的五大关键。

- 在非常理想的价位，买进 10 到 20 家公司，但最好是 15 家。

- 明智的资产配置——为你最钟爱的公司，分配最多的资金。

| 附录 A |

企业评估工具

总体来说，对于历史资料或同业之间的比较，比率工具通常是最有效的。

表 A-1 企业评估工具（比率）

工具	计算公式	解释
应收账款周转率	销售额 / 应收账款	应收账款的变现速度，也表示某公司收入与应收账款之间的关系
酸性测验比率	（现金 + 现金等价物 + 应收账款）/ 流动负债	用途类似营运资本比率，不受存货影响。这个测验更为严格
资产覆盖比率	总资产 / 长期负债	这一比率反映一家企业用资产偿还债务的能力。其他条件不变的情况下，这个比率越高，偿还债务的能力越强
资产周转率	销售额 / 总资产	这一比率用于评估企业管理资产的能力。资产周转率越高，企业经营效率越高
平均利率	（利息费用 – 应付账款）/ 负债	粗略反映公司的负债成本
平均销售周期	365 天 / 库存周转率	库存清盘所需天数
每股股票账面价值	股东权益 / 流通股数	比较不同企业之间的账面价值，可以帮助识别价值被低估的机会。同时，该数据也能反映股东出售公司资产所能获得的款项。这些款项首先必须清偿债务，剩余部分才归股东所有。这项数据适用于商誉占比账面价值较低的公司

（续）

工具	计算公式	解释
现金流量与资产比率	运营现金流 / 总资产	这是一项监测工具。此项数据的发展趋势可以提示企业遭遇财务危机的可能性
现金周转率	销售额 / 现金	这个数据有助于判断企业经营者把现金转换成收入的能力。该数据相对较高的话，代表企业管理更有效率
应收账款比率	应收账款 /（销售收入 / 365）	此项数据显示货物销售出去后多长时间能够收回货款
流动比率	流动资产 / 流动负债	表示企业偿清短期负债的能力
日销售应收款	应收账款 /（年度销售额 /360）	货款收回需要多少天。这个数据可以按季度算，即将 360 改成 90，此时便是一个季度数据
资产负债率	总负债 / 总资产	这个数据表示企业的融资结构。比率大于 1 意味着企业的大部分资产是由负债方式融资
债务资本化比率	（短期负债＋长期负债）/（股东权益＋短期负债＋长期负债）	此项数据表示企业依赖负债的程度。比率越高，说明公司投资风险越大
负债权益比率	（短期负债＋长期负债）/ 股东权益	反映了债权人所提供的资金与股东所提供的资金的对比关系
股息支付比率	每股股息 / 每股收益	衡量企业支付股息的大小与稳定程度。比率越低，越安全
股息生息比率	每股股息 / 每股价格	每年股息所得占买入价格的百分数。如果现金股息很稳定，这个数据可以用来评估安全边际水平。股息生息率异常地高，意味着企业价值被低估，或经营者可能会降低股息
每股收益（EPS）	净收入 / 流通股数	这可能是使用最广的评估工具。EPS 代表会计上的利润，并不是现金。此项数据最适合用来比较不同行业间的企业
毛利率	毛利 / 销售额	表示销售价格超出成本的程度
利息覆盖率	营业收入 / 利息费用	它是衡量企业支付负债利息能力的指标。如果指标大于 1，表示企业经营健康
库存周转率	销货成本 / 某时间段平均库存	企业每年出清库存的次数。周转率低不是一件好事，意味着产品一直在库房里而没有被销售出去
净利润率	净收入 / 销售额	表示销售额转化成净收入的百分比
营业现金流比率	运营现金流 / 流动负债	利用运营现金流清偿负债的能力

（续）

工具	计算公式	解释
营业利润率	营业收入 / 销售额	用来比较不同时期经营效率的指标。也可以显示企业是否能够盈利
总资产收益率（ROA）	净收入 / 总资产	表示企业运用资产的效率。也经常被称为投资收益率（ROI）
净资产收益率（ROE）	净收入 / 股东权益	经常用来衡量企业的盈利能力、经营效率、企业利用财务杠杆的能力
销售与固定资产比率	销售额 / 固定资产	根据所创造的收入，判断企业的生产力是过多还是过少
利息保障倍数	息税前收益 / 利息费用	衡量企业支付负债利息能力的指标
营运资本	流动资产 - 流动负债	衡量企业流动性的工具。显示了企业只利用流动资产清偿流动负债的能力。营运资本越多，企业流动性越强
营运资本销售百分比	营运资本 / 销售额	这是一种用于预测的工具。根据预估的销售额，帮助投资者决定需要多少营运资本

| 附录 B |

解析华尔街分析师的建议

专业分析师研究上市公司，并就该公司发行的股票提出买卖建议。多数分析师专注于某一个特定的行业或是经济的某一部分。分析师的看法对当今市场会产生巨大影响。他们的建议或报告可能影响企业股票价格的走势，特别是当这些建议通过电视节目、网络或平面媒体广泛传播时。著名的分析师甚至只要提到某家公司的名字，即便公司的前景或基本面没有任何变化，也可以造成这家公司的股票短期内价格上涨或下跌。

分析师经常使用一些术语，如买进、强力买进、短期或长期增持、短期或长期表现优异或差劲、中性、持有，来描述他们的建议。但是，他们很少直接力劝投资者卖掉他们的股票。某分析研究报告显示，经纪人事务所的分析师在 2000 年提供的所有建议当中，"卖出"或"强力卖出"的建议只有不到 1%。因此，很多行业庄家把分析建议的"持有"

视为"卖出"。

虽然分析师为当今市场中非常重要的信息来源，但是投资者不能忘了分析师也有一些难以回避的利益冲突。举例来说，有一些分析师受雇于某家公司，而这家公司发行或拥有这些分析师所负责的股票。另外，分析师本身也可能直接或间接拥有相关股票，例如可以通过员工股票购买池，他们及其同事都可以购买。

总而言之，当投资者决定买进、持有或卖出股票时，不应该只依赖于分析师的建议，而是要自己做研究。例如，阅读新公司或上市公司的招股说明书，或企业向美国证券交易委员会提交的季报或年报，通过这些来判断他们的这项投资对于他们个人的财务状况来说是否合适。以上解释了分析师的潜在利益冲突，以及为投资者提供了研究投资的小建议。

谁是分析师，以及他们为谁工作

分析师在证券历史发展的过程中一直扮演着重要的角色。他们发掘事实并就企业及行业发展趋势提供有价值的见解，使证券市场得以高效率地运作。专业的分析师总的来说分成三类：

卖方

这些分析师通常全职为经纪及交易商工作，为他们分销的证券提供建议。有一些大型的券商也会雇佣一些著名的卖方分析师为企业客户提供投资银行服务，这些企业的股票是这些分析师所负责的。

买方

这些分析师通常服务于机构的基金经理，如共同基金、对冲基金、投资顾问。这些基金经理为他们自己的账户购买股票。分析师向雇主提供买进、持有，或卖出的建议，然后就等待着拿钱了。

独立

通常这些分析师与承销他们所覆盖证券的公司没有关系。他们一般是通过订阅服务或其他方式出售他们的研究报告的。有些不提供投资银行业务操作的公司宣称，他们比提供多重服务的公司更具独立客观性，因为其中不会涉及利益冲突。

潜在利益冲突

很多分析师所在的工作环境都充满利益冲突和竞争压力。另外，买方公司都希望他们的客户投资成功，因为满意的长期投资者可以为公司带来好的信誉与生意。一个声誉好的投资研究团队可以为客户提供有价值的服务。可是，有很多因素会影响分析师的独立性和客观性。这些因素也并不意味着分析师提供的建议一定有失偏颇。但是，投资者在做决定前，一定要把这些因素考虑进去。以下列举了一些可能对分析师造成不利影响的因素：

投资银行关系

当企业发行新证券时，通常会雇用投资银行提供相关的协助工作。发行企业股票以及提供其他投资银行服务的收益远远超过经纪交易业务或提供投资研究报告。所谓的投资银行关系可能包括：

- **分析师隶属的公司可能就是相关股票的发行商**。如果是的话，假定上市发行非常成功，这家公司无论是经济上还是声誉上都将得到实质的利益。在企业首次发行股票时，分析师通常也是投资银行团队的重要组成部分——协助完成对客户的尽职调查、参与投资者路演、帮助完成交易。发行完成之后，乐观的分析报告和积极的推荐显然会对投资银行的客户发行的新股起到积极作用。

1. **股票发行公司偏爱积极的研究报告**。消极的分析报告可能会破坏企业和经纪公司之间长期且利润丰厚的投资银行服务关系。一份消极的报告也会破坏投资银行的声誉，从而导致潜在客户去寻找其他的合作伙伴。

2. **积极地报告可以吸引新客户**。在投资银行业务领域，竞争非常激烈。企业在发行新股时，通常会请曾经为该公司股票发表过积极研究报告的经纪交易商作为承销商。如果一家经纪交易商的分析师曾经对一家企业的股票做出过负面的评论，这家企业一般不太可能邀请该经纪交易公司来作为承销商。

- 经纪佣金。经纪公司的研究分析报告通常都是不收费用的。但是，积极的报告可以吸引客户更多地购买该公司承销的股票，如此一来便为经纪公司创造了佣金收入。

- 分析师的报酬。经纪公司的薪金制度会迫使分析师做出积极的研究报告和推荐。举例说明，某些经纪公司可能把工资和奖金直接或间接地与分析师所参与的投资银行业务交易的数量或投资银行部门获利情况联系起来。另一些经纪公司则把工资和奖金与公司和某一个特定的发行人合作的业务数量相联系。这种薪金制度，会激励分析师帮助企业与经纪公司保持长期的投资银行服务关系。

- **拥有相关企业的股票。**分析师、员工或经纪公司本身可能拥有相关公司的大量股票。分析师也可能通过员工股票购买池来对他们所负责的股票进行投资。目前正流行所谓的"风险投资"，在企业 IPO 之前，经纪公司和分析师都可以低价买进相关股票。这样的方式，就使得分析师通过拥有股票而直接或间接地盈利。有些人认为，分析师拥有他们所负责的股票，赚钱就变得易如反掌了。不可否认的是，持股者都希望他们的股票价格上涨。另外，经纪公司或是分析师通过员工股票购买池或是其他方式拥有股票，也可能会做出与他们的建议相悖的举动——建议"买进"或给出积极评级或是发表对某家公司未来持乐观态度的研究报告，而自己却卖掉手中持有的相关股票。

信息披露

根据全美证券交易商协会（NASD）和纽约股票交易所的规定，在某些情况下，当分析师推荐买进或卖出特定股票时，必须披露利益冲突。例如，分析师通常必须公布他们或所服务的经纪公司对所推荐股票的持股情况。分析师也必须说明其所属经纪公司是否在为某只股票做市，或是在过去三年内，是否与相关企业构成了投资银行业务关系。然而，分析师很少在接受媒体访问时透露这些信息。但你要清楚没有透露不代表不存在。利益冲突的披露通常会出现在书面研究报告的脚注里，或用很小的字打印在报告的背面。如果你看到这类披露信息，请务必了解其意义。

如果声明这样描述："本公司和（或）下属企业以及员工持有或可能持有该股票的空头头寸或多头头寸、股票期权，或拥有对该企业的其他投资。"这就可能意味着"我建议购买 ABC 公司的股票的同时"：

a. 我拥有 ABC 公司的股票。

b. 我在经纪公司的同事拥有 ABC 公司的股票。

c. 我所在的员工股票购买池有 ABC 公司的股票。

d. 我所服务的公司拥有 ABC 公司的股票。

e. 我所服务的公司的相关实体拥有 ABC 公司的股票。

f. 我、我的同事或我所服务的公司拥有 ABC 公司股票的空头头寸。

g. 上述事件的任何组合。

h. 以上皆是。

如果声明这样描述："过去三年内，本经纪公司可能担任上述公司股票上市或为该股票做市的主承销商或副承销商。"这没有告知分析师的雇主是否：

a. 目前作为所推荐股票上市发行的承销商。

b. 过去三年内担任所推荐股票上市发行的主承销商。

c. 与股票发行公司保持着投资银行服务关系。

d. 当投资者买卖所推荐的股票时获得收益，由于雇主为该股票做市。

e. 上述事件的任何组合。

f. 以上皆是。

请注意，即使分析师或分析师所服务的经纪公司可能在其中存在利益矛盾，这也不意味着他们所给出的建议是错误的。但是，投资者必须清楚这个事实，并考虑分析师的建议对于你来说是不是明智的。

投资者必须不断培养自己的能力，以确保每项投资决策都符合自己的目标以及可以承受的风险。请记住，分析师在提供建议时，通常并不是你的私人财务顾问——并不为你量身制定投资建议，他们不会考虑你的处境。

发现冲突

对于个人投资者来说，很难判断是否有冲突存在，或是冲突存在的程度。但是，你仍然可以通过一些方法来获得一些信息。

识别承销商身份

在你买进股票之前，必须通过阅读招股说明书确认分析师所服务的经纪公司是不是所推荐股票的承销商。这是企业登记声明中的一部分。不论是在最初的招股说明书还是在最终招股说明书的封面上，你都会看到主承销商的名单。一般来说，主承销商（交易的主要获利者）的名字会出现在首位，接下来副承销商的名字将按字母排序。其他参与交易的经纪商只会列在说明书附录部分的"承销"或"分销计划"中。可以登录网站 www.sec.gov/edgar.shtml，通过证交会的电子化数据收集、分析及检索系统（EDGAR）查看登记声明。招股说明书的增刊出现在 EDGAR 系统的 424 号文件。

研究所有者权益

公司的登记声明和表格 10-K 中的年报都会告诉你持股数超过 5% 的股东名称。登记声明会显示过去 3 年内，非公开出售的股票。但是，如果既没有登记声明也没有年报，就很难独立判断分析师、经纪公司，或经纪公司其他员工是否拥有发行公司股票。因为联邦证券法并没有规定投资者必须申报全部持股情况，除非该投资者是拥有 5% 股权以上的公司主管、董事或受益人。这些情况下，你可以通过以下证交会表格查询所有权情况：

- 明细表 13D 与 13G（Schedules 13D and 13G）。任何拥有 5% 以上所有权的受益人都要申报明细表 13D。13G 的格式比 13D 简化，只适用于某些类别：银行、经纪交易商、保险公司。

- 表格 3、4、5。拥有股权超过 10% 的企业主管、董事或受益人，必须通过表格 3、4、5 向证交会申报持股情况。

- 表格 144。如果分析师或经纪公司拥有某家公司的受限制证券，即这些证券是从发行人或其下属企业，通过没有注册的私下交易而获得的，那么投资者可以通过查看表格 144 来了解分析师或经纪公司是否在近期买卖这类股票。

除非是海外非上市公司发行的证券，否则，申请人必须通过证交会的 EDGAR 系统申报电子版明细表 13D 和 13G。很多人也选择将表格 3、4、5、144 通过电子表格的形式上报，虽然这并不是证交会强制要求的。如果你在 EDGAR 系统上找不到所需要的表格，请致电证交会：（202）942-8090，或发送电子邮件至 publicinfo@sec.gov。你也可以在纳斯达克股票市场网站的"报价"（"Quotes"）部分查询。网址是：

http://www.sec.gov/cgi-bin/goodbye.cgi?quotes.nasdaq.com。

解开"锁定协议"谜团

如果分析师或经纪公司通过风险投资获得股票，通常在公司股票上市时或之后，这些股票会受到"锁定协议"的限制。"锁定协议"要求内幕人士，包括公司员工、其朋友及家人、风险投资者在特定时期内未经承销商的允许不得擅自卖出股票。通常来讲，"锁定"期通常是登记声明生效后的 180 天，而承销商可以根据市场情况、发行表现或其他因素提前终止"锁定协议"。

"锁定"期结束之后，经纪公司或分析师就可以卖掉手中的股票了。如果你考虑投资某只最近上市的股票，有必要查询"锁定协议"是否已经生效，到期日是哪天以及承销商是否放弃了"锁定"限制。这些信息非常重要，因为当"锁定"期结束后，被锁定的股票可能会流通到市场上，从而影响股价。在评估"锁定期"到期前的研究报告时，你应该把"锁定协议"的相关情况考虑进去，这时的研究报告有时被称作"booster shot"报告。

如果想要知道发行公司是否有锁定协议，请在招股说明书的"承销"或"分销计划"章节查找。这属于公司必须公开的信息。你可以联系企业的股东关系部门索要说明书，或使用证交会的 EDGAR 数据库查看企业是否上传了招股说明书的电子版。如果企业没有将招股说明书的电子版上传到 EDGAR，你可以致电证交会：（202）942-8090，或发送电子邮件到 publicinfo@sec.gov。还有一些商业网站免费提供查询企业"锁定条款"的相关信息。证交会并不为这些网站背书，也不对网站上的任何信息或服务做出任何陈述。

怎样保护你自己

投资者在投资前要做必要的研究工作。如果只因为某只股票是分析师最推崇的股票，就买进它，那你就是跟自己过不去了。特别是当这家公司你从来没有听说过的时候，一定要花时间去研究。

- 通过证交会的 EDGAR 数据库研究公司的财务报告。网址是 http://www.sec.gov/edgar.shtml，或给企业打电话索取。如果无法自行研究，可以向可靠的专业人士寻求帮助。

- 查询"锁定协议"是否已经到期，或承销商是否已经免除锁定限制。这方面的信息也许未必会影响你的投资决定，但是可以让你更正确地了解分析师的建议。

- 了解分析师服务的经纪公司是否承销企业最近发行的股票，特别是 IPO 的股票。

- 尽可能多地通过各种资源了解企业信息，包括：独立新闻报道、商业数据库、参考书。当地图书馆可能会提供更多的相关资料。

- 找时间与您的经纪人或财务顾问聊聊，询问有关企业状况及未来展望。请记住，如果你的经纪人所服务的公司为某家公司发行积极的研究报告，你的经纪人可能不方便持相反意见。你一定要咨询你的经纪人，就你目前的财务状况，是否适合投资相关股票。

总而言之，请记住，即便是最权威的分析师提出的最好的建议也不一定适用于你。这就是为什么我们不断强调，投资者在买卖股票时永远不要只依赖于分析师的建议。在行动之前，必须问问自己你的决定是否符合你的个人目标、时间安排以及风险承受程度。清楚地知道你所买进、卖出的是什么，理由何在。

EBITDA（税息折旧摊销前收益）的致命缺陷

附件 C 节选自穆迪公司 2000 年 6 月发表的名为"面对 EBITDA 三思而行"（"EBITDA in Perspective"）的报告。以下所有内容，版权都属穆迪投资者服务所有，文字使用经过穆迪许可。

EBITDA 忽略营运资本的变化，过于强调在营运资本增长期间，现金流的重要性。

跟着资金走——营运资本影响现金流：EBITDA 对于现金收取并不敏感，因为它忽略营运资本的变动，这一变动是在经营过程中获得净现金时计算而来的。企业完成一笔交易获得收益（收入入账，记为营业收入），实际现金可能要稍后才能收回。

收益并不是现金，它仅仅反映出收入与费用之间的差异，是一种会计概念。因此，投资者必须了解企业如何确认收入，特别是对于资本密集型初创企业。

另外，如果企业的应收账款的平均账龄显著增长，且销售巨幅增长，就会产生企业不愿意看到的现金与收益之间的巨大差距。同样，由于付款账期缩短，企业加快处理应付账款也会造成在某个会计期间，费用与所拥有的实际现金之间的差距拉大，这也是企业不愿意看到的。

EBITDA 不能正确反映流动性。

流动性分析应该是动态的。分析股票发行公司的财务状况应该考虑很多因素，而不仅仅是总现金流入与流出。可是，EBITDA 对于评价流动性来说意义不大。EBITDA 与其他现金流测量方法，如从运营而来的现金，都只是反映特定时间内的某种现金状况，而不能为企业的现金来源、现金的使用、流动性的获得与其流动性工具的强度给出定性的信息。

关于流动性的评估，穆迪公司会考虑发行者的潜在短期债权，并将它与潜在的短期资金来源相比较。首先要分析发行者的资金来源（内部和外部的）以及资金的使用。然后分析一系列可能发生的压力情况，评估企业在这些状况下满足运营需求和履行债务责任的能力。

接着测试企业在自身或市场出现问题时的"应急资金计划"。EBITDA 不能够考虑到对评估企业流动性非常重要的几个因素：

- 可能发生的现金短期债权，包括直接债务和或有债务
- 发行公司的信心敏感度

- 现金流的强度和稳定性

- 资本支出的必要程度或承诺程度

- 营运资本所需要的资金支持

- 资本市场准入受限带来的脆弱性

- 发行公司资产的流动性

- 公司流动性工具的强度

　　流动性代表企业获得现金的能力。EBITDA 不能反映用收益偿付债务的能力。一家公司可能有很强的合并 EBITDA，但却没有现金去支付利息。现金可能存在于一个不受限制的子公司里，并进行了再投资，或者可能存在于海外的子公司里，并可能受到禁止将海外利润调回国内的限制，又或者用于代扣股息的所得税。上述这些因素都会相应导致时间的延误，以及现金收回的减少。

　　分析企业用收益偿还债务的能力必须要考虑季节性和时间因素。即便利息保障倍数很高，也未必有用。举例说明：利息 6 月份到期，而收益在 12 月份才能实现。这时，资金来源与使用的分析就显得异常重要。另外，要对公司流动性的充足程度给予充分的重视，让企业安然度过上述出现的时间差异。

　　EBITDA 与收到现金的时间未必一致。举例说明：一个无线服务公司最近出售了一些信号基站给一家独立的服务企业，这笔交易实现了获利。这个无线服务公司接下来与买方签订了租赁协议来继续维护信号基站上的设备。通常人们会认为，公司的 EBITDA 会因为租赁而减少。

但是，这家无线服务公司出售基站时收取现金，并用它来偿还债务，还运用售后回租的方式记账，将销售所得在租赁期间分期摊销。这笔交易对 EBITDA 没有影响，因为分期摊销销售所得抵消了租赁的成本。然而，在这个例子中，现金在销售的时候流入公司，EBITDA 则在销售完成后的数个期间内以确认的递延收益的金额高估了现金流。

EBITDA 没有考虑必要的再投资，尤其对于一些拥有长期资产的企业。

对于资产使用期限比较长的企业，EBITDA 是很好的度量。反之，如果企业资产使用时间短，或所处行业技术更新较快，就不适合采用 EBITDA 作为衡量工具。采用 EBITDA 作为债务保障比率的指标，意味着通过非现金折旧费用产生的资金，不需要用于对资本支出的再投资。我们都承认现金的可替代性，但只有当企业未来资本投资所需要的资金，可以通过额外的现金余额或通过新融资或出售资产来获得，上述假设在概念上才是成立的。

如果一家公司要依赖运营来获得资金进行资本投资，折旧就不能用来偿还债务。这种情况下，资本支出要从 EBITDA 中抵扣。所谓"维护性资本支出"（"maintenance CAPEX"）经常被用来作为所需再投资程度的指标，但是每家企业对于这个名词的定义未必相同，它所表明的再投资的金额也比实际中长期所需要的金额小。

另外，由于通货膨胀的存在，以现值计算的用于维护厂房设备的投资通常超过先前资本支出的折旧费用。某些行业经营者在资本支出的时间和金额上给予很大的灵活性。但是，延迟或削减资本支出，可能会影响企业的生产力或生产效率，而这两点对于企业来说至关重要，尤其是对于高杠杆企业来说。

另外，某些情况下，账面上的折旧未必等于经济上的折旧。在这种情况下，为了维护厂房，企业需要再投资的金额要大于折旧费用。这种现象在资本密集性行业中尤为明显，企业用很高的成本购买资产，随后进行减记。在这种情况下，企业必须根据旧有的预减折旧水平继续再投资。

EBITDA 不能反映收益质量。有时，EBITDA 应该被限定为 EBIT。

EBITDA 最好被分解为 EBIT、折旧与摊销来进行分析。一般来说，EBIT 在 EBITDA 所占的比重越高，潜在的现金流就越强。当折旧和摊销在 EBITDA 当中的比重很大时，需要认真分析由非现金支出产生的费用能否用来偿债。如果企业依赖来自运营的资金进行资本投资，那么折旧与摊销就不能完全用来偿债。

EBITDA 不适合作为企业收购时进行比较的唯一衡量标准。

企业或财务赞助商在进行项目收购时通常采用 EBITDA 作为比较价格的标准。EBITDA 也经常被认为是代表被收购企业当前或预计现金流的倍数。虽然这种方法可作为粗略的经验法则，但必须记住，EBITDA 与现金流之间未必存在固定的关系。另外，如果打算利用这种方法，就必须清楚地知道 EBITDA 倍数会造成一种假象，让收购价格看上去低一些。

举例说明，假定 EBITDA 倍数为 6.5，某家公司的 EBITDA 由 50%EBITA 和 50% 的折旧组成，相当于营业收益加上摊销的 13 倍，后者明显更高。每个行业都有其自身的现金流动态变化，不能单纯根据 EBITDA 倍数进行评估而不考虑行业间的差异。然而，就是在同一个行业内，采用 EBITDA 倍数的价值也是有限的，它只能反映被收购公司的部分信息。

即使 EBITDA 收购倍数可能可以反映同一行业内两家公司之间的定性差异，但该数据恐怕很难反映实际的经营状况。（举例来说，虽然两家公司属于同一行业，但其中一家可能拥有属于其他行业的子公司，所做的业务不同，其利润结构与投资要求也就不同。）此外，不同的 EBITDA 倍数所能传达的重要信息并不多，如厂房设备的升级和开展新服务的能力。

总而言之，EBITDA 收购倍数可以传达出以下信息：

- 被收购公司 EBITDA 的质量，包括 EBIT、折旧与摊销。
- 被收购公司或有负债、流动性和债务到期信息。
- 被收购公司的营运资本情况，可能会立即造成合并后实体大量现金流出。
- 被收购企业的资产基础，管理层，市场行情，或成长前景。
- 盈利能力支付计划（earn-outs）可能会大大提高收购倍数。
- 被收购公司历史盈利的稳定性。

- 不同财务制度的影响。

- 短期对收益调整的操控程度，包括临时扣减营销或行政费用。

EBITDA 忽略由不同会计政策造成的现金流质量的差异——收入未必都是现金。

企业采用不用的会计政策，其 EBITDA 也会受到很大的影响。所以 EBITDA 不适用于不同企业之间的比较。会计政策可以可能会影响收益质量，当然也会影响 EBITDA。可是，最重大的影响，在于确认收入的方法。特别是一些能够加速确认收入的会计政策，或确认短期内不能变现的收入，使得 EBITDA 不适合用来比较不同企业之间的现金流。

确认收入的会计政策与现金收取之间不一定有关联，例如，互联网公司常见的"易货交易"，或殡葬公司"生前服务"的收入——把现金放在信托基金，而"分时度假"公司收入记为应收抵押票据。应用完工百分比（POC）会计方法记录的收入可以很容易地导致 EBITDA 与现金之间的巨大差距。

对于不同国家会计惯例不同，EBITDA 不具备共性。

对于同一家企业，采用美国 GAAP（一般公认会计准则）还是外国 GAAP，EBITDA 可能就会有很大差异。对于收入确认、会计中将成本计入资本而非费用的方法、商誉的确认、固定资产折旧，美国与其他国家的会计标准与会计实务都存在非常大的差异。当债务金额不大，即使非常小的差异，也可能造成 EBITDA 的巨大不同。

在债务契约上，EBITDA 能提供的保护很有限。

在债务契约中，通常利用 EBITDA 限制公司举债的程度。虽然这方面限制的内容各不相同，但以 EBITDA 为依据，基本上有三种典型的方法：

1. 合并现金流对固定费用的比率。所谓合并现金流是指净收入加上预提税，加上合并利息费用（包括与资本租赁债务相关的部分），加上折旧和摊销，加上某些一次性发行费用。所谓固定费用（fixed charges），通常定义为合并的利息费用（不论是已付的还是应计的）、债务所产生的资本化利息和利息费用（这两者都是被担保的）以及所有优先股票股息支付。

2. 合并的利息保障倍数。该比率是指公司与其限定子公司在合并事项发生前最近 4 个连续财务季度的合并 EBITDA 总额（这要求合并后公司财务报表已经存在），除以 4 个季度的合并利息费用，这些财务季度必须先于试算基础上的发行日期，这样才能让兼并活动生效，因为这样就能将兼并活动视为始于这 4 个季度的开始。

3. 最大杠杆率。其定义为某个企业及其限定子公司合并的预估（试算）债务除以该企业及其限定子公司年化预估（试算）EBITDA。

EBITDA 可能会偏离现实。

这一论述表明，EBITDA 很容易受到激进会计政策的操纵，与之有关的因素包括收入以及费用的确认、资产减记及相应的折旧调整、为了获得"调整后临时EBITDA"而进行的过度调整。这些政策通过选择一般资产出售的时机，从而影响季度业绩。此外，EBITDA的运用还需要注意以下几点：

- 要留意企业经营者可能会采取手段使得现金流看起来很充裕。企业经常通过收入的确认和费用的减少，增强销售前景或提高公司股票价格，从而拉高EBITDA，虽然其效力并不持久。削减营销费用可能会使EBITDA短期看上去很亮眼，但往往会以长期费用的增加为代价。穆迪公司最近根据某单一产品制造商在2000年年初通过销售其母公司的产品来评估其债务等级。该公司的销售额为3.66亿美元，在评估过程中，我们发现营销成本从1.26亿美元削减到8200万美元，比例达35%。虽然报表上显示EBITDA为亮眼的1.21亿美元，而且没有牺牲掉销售量和市场占有率，但是如果把营销费用调整到历史水平，信用评级数据看起来还是很脆弱。该公司如果想要保持竞争力与市场份额，营销费用恐怕要恢复到过去的水平。

- 如果企业的收益里有太多的"杂音"，应该考虑是否要把非正常的费用加回去，使得EBITDA正常化。这类费用可能是回报率低或企业生产力值得怀疑的信号。

- 受到非经常性资产出售严重影响的现金流可能不会反复出现。关于资产出售，务必要区分非经常性资产出售和经常性资产出售。

所谓非经常性资产出售可以是出售光纤通道容量；经常性资产出售可以是租赁服务公司出售的翻新的寻呼机或旧机器。

对于很多行业来说，由于忽略其特性，EBITDA 不适合作为分析工具。

资本密集型、资产使用寿命较长的基础行业比较适合采用 EBITDA 作为分析工具，例如钢铁公司的熔炉可以用很长时间。但是，使用 EBITDA 作为分析工具的行业已经逐渐从面向使用寿命长达 20 年以上的资产门类发展成面向资产寿命为 3 到 5 年的行业。这种资产寿命短的行业需要持续的再投资来维持它们的资产基础。另外，就以下行业来说，EBITDA 也不能反映其特性：

- **有线电视行业**：由于科技不断进步，这类企业必须持续进行再投资，其金额不少于折旧费用，摊销是持续性的现金流来源，并可用于偿债。

- **殡葬行业**：这些企业使用 EBITDA，但是该数据不能正确反映现金流，而且这类公司很多都表现出对营运资金的迫切需要。他们是在"需要时"（死亡发生时），或"生前"（死亡发生前）提供葬礼或墓地服务的。公司不同，采用的会计政策就不同，但政策都受州政府法律的影响，需要公司把某些"生前服务"带来的部分收入放到信托基金里。销售墓地所有权、相关服务（葬礼与下葬服务）、产品销售（棺木）等"生前服务"记为收入，客户签约时发生的费用，也被视为当期费用。这会带来下列一些问题：

1. 相关服务是稍后提供的，成本会受到通货膨胀的影响。

2. 很多州政府规定，"生前服务"带来的收入要放到信托基金里。

3. 殡葬企业通常都为它们的服务提供信用贷款，期限可长达 84 个月。

所以，EBITDA 与现金之间存在差异。对于营销与广告费用，某些企业并不将它确认成当期费用，而是通过资本化过程对其分期摊销，这会造成 EBITDA 与现金之间更大的差距。

- **勘探与生产行业**：对于石油勘探生产业者来说，EBITDA 的质量、持续性以及它与可支配现金流的差异，都与其他行业有很大不同。发行企业维持稳定 EBITDA 水平的能力会受到下面几个因素的影响：维持有效资本支出的能力、商品价格波动、生产风险、石油钻井风险。另外还需要通过被探明的、已开发石油的储备寿命，并对维持产能的资本支出做相应的调整，来评估 EBITDA。

1. 为了得到财务报表上的 EBITDA，需要大量而稳定的资本支出来维持产能。

2. 天然气和石油的价格在不同的时期波动很大。

3. 不同石油公司的石油探明储量和已开发储量的生产寿命有很大不同。一家公司的储备寿命可能只有 5 年，而另一家公司则有 10 年或更多。前者的现金消耗率、钻井风险、流动率风险都要比后者高很多。

4. EBITDA 风险与被探明的已开发石油储备的寿命之间的联系很紧密。只有经过探明的、已被开发的且正在开采中的石油储备才能产生现金流，而风险较高的、已探明的、未被开发的石油储备需要时间和资本支出才能进入生产状态。

5. 每家石油公司寻找新石油矿藏及开采的成本各不相同。应该根据这些矿藏在价格周期里所创造的单位现金利润来评估。

6. 储备寿命为 8 年的石油公司，可能会有高利润率，但寿命短、风险较高的生产（模式），这掩饰了低利润率、高成本以及生产周期较长的生产的本来面目。

7. 在某些情况下，某一个新天然气油井在第一年之后的产量有可能会降低 50% 或更多，直到第三年慢慢维持在一个较低的水平。

会计政策也可能影响 EBITDA。有些勘探生产企业采用"成功勘探"（"successful efforts"）记账，把开采费用和开采出干井的成本都视为当期费用。另一些企业则采用"全部成本"（"full cost"）记账，将开采成本和开采出干井的成本资本化。对于那些采用"成功勘探"记账的公司，开采费用和开采出干井的费用应该加回到 EBITDA（成为 EBITDAX），这样才能将它与那些采用"全部成本"记账方法的 EBITDA 进行比较。不论采用"成功勘探"还是"全部成本"方法都将开发成本资本化——成本来自将被探明但未被开发的石油储备投入生产时所产生的费用。

- **光纤通道建筑业**：光纤通道建筑业者会出售有限数量的光纤资产，然后利用未被出售的光纤设备创造持续性收入。光纤通道建筑商的 EBITDA 会受一次性销售光纤设备的收入的影响。其中的建造费用、开发费用被资本化。因此，EBITDA 包含一次性销售的收入加上资本化的建造和开发费用的摊销部分。EBITDA 虽然可能反映出相关时段内的现金，但受到一次性销售行为的很大影响，因为出售光纤后不能再创造出其他收入。

● **房屋建筑业**：对于房屋建筑业，使用 EBITDA 有 3 个基本问题。

1. EBITDA 包含很少的折旧。

2. 建筑商可以通过将营销费用资本化来影响收入。重要的是留意营销费用资本化的程度以及接下来的摊销情况。

3. 房屋建筑商通常在建造房屋之前，必须先购买土地，获得批准开发并建设社区的许可也需要一定的时间。

为了获得有意义的利息覆盖率，做一些调整是必要的。房屋建筑商会对开发土地时产生的利息进行资本化。当利息被摊销时，利息被记入销货成本（而非摊销费用）。所以，如果打算比较不同建筑商之间的利息覆盖率，就必须针对记入销货成本的摊销利息调整 EBITDA。利息覆盖率的分母是利息而不是利息费用，这样才能更好地衡量偿债能力。

● **寻呼业**：寻呼或其他无线信息服务供应商的主要收入来源于定期费用。创造这类经常性收入，只需要很少的额外销售费用或其他固定费用。很多寻呼商回收寻呼机，对其进行翻新，然后当二手货销售。出售翻新寻呼机的利润高于折旧寻呼机的净账面价值加上翻新成本。对于何时出售这些二手货，寻呼商有很大弹性。举例来说，寻呼商可以通过在二手市场大量销售翻新机来掩盖核心服务收入的降低。EBITDA 不能区分收入是来自核心寻呼服务还是来自销售二手刷新机。另外，EBITDA 不能发现不同季度销售量非正常的变化。被出售寻呼机的折旧金额可能会影响 EBITDA。所以，只要改变翻新机的出售数量，就可以调整设备利润率与相应的 EBITDA。

- **餐馆行业**：折旧不应该被视为持续性的现金来源，因为餐馆经常需要再投资来重新装修。某些餐馆可能每隔 7 年就要重新装修，以改变口味与风格，否则可能很难保证稳定的现金流。

- **租赁服务行业**：如果被租赁资产很新，租赁服务公司可以暂时不需要进行再投资。不过，这种情况不可能永远保持下去。过一段时间后，折旧必须用于再投资以维护被租赁资产。使用过的设备的出售时机和数量影响着租赁行业的 EBITDA。

- **剧院展览馆行业**：电影院经营公司的资产负债表上，不动产、厂房和设备（PP&E）占很大比重。每隔一段时间，经营者就必须引进新技术以适应行业创新，因此，EBITDA 不能作为采用额外杠杆的基础。在很短的时期内，剧院由小镇电影院发展到双厅、三厅、多厅（8 ~ 16 屏），甚至是超级影院（18 ~ 24，30 或更多屏，并包括体育场座位）。声音与画面技术更新为数字声音与数字投影。折旧费用如果不进行再投资，这些实体很难跟同业竞争。由于在剧院展览馆行业普遍采用租赁经营的方式，简单地依赖 EBITDA 签订杠杆协议，很难真正限制杠杆使用，包括经营租赁下不断增长的债务。因此，债务，加上资本化的经营租赁费用与 EBITDA 的比率，加上租金，可以更好地衡量财务杠杆，也更适合行业参与者在不同的财务战略下用来做分析比较。

- **分时度假行业**：分时度假俱乐部行业的经营者出售度假时段的收入，大多以本票方式付款。一般来说，10% 用现金支付，剩余 90% 以应收按揭款的方式支付，期限可能长达 7 年。但是，只要一次分时度假销售完成，整个销售收入就确认为当期收入。因此，EBITDA 完全不能反映公司能够运用的现金的数量。另外，业内经营者计算 EBITDA 的方式也各不相同。有些经营者通过证券化的方式销售应收款，借此为经营筹资。由于应收抵押票据的利息与证券化使用的利息不同，一旦出售应收款后，公司会立即确认由于利差产生的利润。这属于非现金项目，因为必须等到应收按揭款到账后才能变现。

- **卡车运输业**：一般来讲，EBITDA 比较适合用来判断卡车运输商的财务状况。由于卡车属于寿命很短的资产，设备更替变得尤为重要。如果折旧没有用于再投资，车轮子就不能再转动。另外，不像海运，卡车运输商的折旧费用可以准确地反映经营者为了维持运营所需要投入的资本，且非常接近标准化的资本支出。如果车队不能及时更新，就会产生恶性循环，维修成本很快就越来越高，造成使用率下降。

企业管理层的重组计划

美国热电公司（Thermo Electron）宣布大规模重组计划

- 该公司准备分立成三家独立机构：美国热电，专注于测量和侦测设备。其他两者分拆为 Thermo Fibertek 和医疗产品业务，并作为股息分配给美国热电的现有股东。
- 准备出售总收入为 12 亿美元的业务。

2000 年 1 月 31 日，马萨诸塞州沃尔瑟姆市：美国热电公司（纽交所代码 TMO）今天宣布，该公司董事会授权进行公司重大重组计划，准备将该公司分立成三个独立的上市公司，其中两者将会被分拆出来，美国热电将其在两家子公司中持有的 100% 的股份全部作为股息分配给美国热电的现有股东。整个计划预计需要一年的时间来完成，其中包括出售总收入高达 12 亿美元的业务。从 1999 年 5 月以来，该公司出售业务已经实现大约 1.5 亿美元的收入。最终，美国热电公司成为整合了的上市公司。

　　"全新"的美国热电将致力于其核心业务——测量与侦测仪器。美国热电同时计划分拆出两家公司，一家是 Thermo Fibertek，另一家是医疗产品公司，美国热电将其在两家子公司中持有的 100% 的股份全部作为股息分配给美国热电的现有股东。作为独立的上市公司，Thermo Fibertek 将继续拓展其分离技术在加工工业中的应用，并将新型光纤产品商业化。新成立的医疗产品公司由目前几项已经存在的业务兼并而成，将为医疗保健行业提供医疗器械。分立过程一旦完成，这三家公司都将有完全独立自主的董事会及管理团队。

　　美国热电的董事长、总裁兼首席执行官理查德 F. 塞隆（Richard F. Syron）先生说："创造三家独立的企业，让它们各自专注于自己的业务，且未来发展前景广阔，这是实现股东价值的一个大胆的计划。另外，我们相信这个计划将会使全新的美国热电成为测量和侦测领域卓越的供应商。美国热电将因此而成为高度整合、管理严格的企业。虽然我们已经可为每个行业提供广泛而全面的产品来满足它们的各种需求，但我们还计划进一步大量投资，通过内部研发、战略合作、互补性并购来扩张产品与技术，服务于生命科学与电信产业的客户。"

　　"除此之外，我们相信把两个具有高度发展潜能的专业化公司分拆出来，可以为美国热电的股东创造更多价值。股东们可能为过去复杂的业务而烦恼，现在则可以受益于简化的结构和明确的战略。这三家新成立的公司，都有其既定的规模和业务基础，即将成为强大而独立的公司。"他继续说道："由于任务和道路都非常清楚，每个管理团队都将能够专注于各自具体的问题，以及服务各自客户的需求。成为独立实体后，每家公司都可以更好地获取资本，从而在各自的市场成为领军者。我们相信，如此一来，每家公司都可以成为卓越的竞争者，可以为客户及股东带来更大的价值。"接着，他总结道："美国热电成立的宗旨是研究、发展新科技并把它们带到市场中来。通过这个新的结构，我们相信每一家公司都可以持续发扬美国热电的传统，那就是产品创新、品质精益求精，同时创造更大的成功。"

即将成立的三家新公司为：

美国热电——测量和侦测仪器

美国热电将会致力于测量与侦测仪器的业务。美国热电目前已经是仪器行业中的佼佼者，1999 年的仪器收入大约为 23 亿美元。"新"美国热电公司将会为以下这些市场提供仪器设备，包括生命科学、电信、分析、过程控制、激光、光学零部件、精密温度控制以及环境监控领域。目前相关技术已经通过很多上市公司或私企设计并分销，包括 Thermo Instrument Systems 及其子公司，包括 Thermo Optek、Thermo-Quest、Thermo BioAnalysis、ONIX Systems、ThermoSpectra、Metrika Systems、Thermo Vision、Thermo Environmental Instruments、Thermedics Detection 以及 Thermo Sentron。在这个计划中，上市子公司会被并入美国热电，最终成为一个整合的上市公司。

Thermo Instrument 在 1999 年 2 月收购了 Spectra-Physics Lasers，后

者将依然是上市公司，同时，美国热电将持续评估这项商业活动。

理查德 F. 塞隆将继续担任美国热电的董事长、总裁兼首席执行官，厄尔 R. 刘易斯（Earl R. Lewis）将继续担任仪器设备业务的总裁。

Thermo Fibertek——分离技术与纤维产品

Thermo Fibertek 是为纸浆、纸张行业提供分离技术的行业领军者，其服务、产品质量和技术创新都很有名。该公司是全球再生设备、水资源管理系统的卓越领导者，以及在造纸机附件领域排第一的竞争者。作为一个独立的公司，Thermo Fibertek 更有条件为进一步投资先进技术、发展新的业务而增加资本，进而扩张其核心业务。在分拆之后，Thermo Fibergen 将继续扮演 Thermo Fibertek 子公司的角色，并积极地投资不断发展的纤维产品业务。在 1999 年，两家公司的合并销售额大约是 2.25 亿美元。

Thermo Fibertek 在此前发行的可转换公司债不会受分拆的影响，这些公司债仍然可以转换为 Thermo Fibertek 的普通股，并受美国热电公司担保。

威廉 A. 兰维尔（William A. Rainville）将继续担任 Thermo Fibertek 公司的总裁兼首席执行官。该公司将会在分拆前改名，时间大约会在 2001 年年初。

医疗产品

美国热电已经通过几项自有业务及上市子公司，在医疗行业不断提高自身的知名度。目前，美国热电在神经诊断与监测设备领域是最大的供应商，同时也是呼吸系统和肺部护理产品的世界第二大生产商。美国热电目前的几个医疗保健业务将成为新的医疗产品公司的不同业务线，包括神经诊断、病人监测系统、听觉系统、呼吸系统和肺部护理产品、肠内营养系统、医用聚合物产品。在 1999 年，这些产品的总销售额大约是 3.35 亿美元。作为独立的有各自专攻的实体，全新的医疗产品公司在面对当今竞争日益激烈的医疗产品市场时，将会更好地营销其产品，满足客户需求。Thermo Cardiosystems 公司以及 Trex Medical 公司将不会纳入新公司。请参考下文"资产剥离"一节中的内容。

美国热电目前正积极寻找这个新医疗产品公司的总裁兼首席执行官。考虑对象包括内部和外部的人选。在正式成为独立企业之前（预计在 2001 年年初），这个职位会被定下来。

资产剥离

在未来的 12 个月内，公司计划出售部分业务，业务总销售额为 12亿美元。这不包括 1999 年以来出售的业务，这部分销售总额为 1.5 亿美元。美国热电相信其他战略联盟机构可以提供更好的资源，更加专注这些产品，且加强营销力度，这些业务在这些机构内会被经营得更加成功。未来可能被卖掉的机构还包括：Thermo Cardiosystems、Trex Medical、The Thermo TerraTech、Thermo Coleman、Peek、NuTemp、Thermo Trilogy、Peter Brotherhood。整体而言，公司预计不会因为处置这些业务而产生亏损。

处置这些业务所得收入将会被美国热电用于再投资，再投资主要针对未来的收购项目与测量和侦测仪器的开发。

孵化（并入企业）计划

美国热电已经宣布并正在处理将下列企业并入：ThermoTrex、ThermoLase、Thermo TerraTech、ThermoRetec、The Randers Killam Group。在这个计划中，美国热电还将并入 Thermo Optek、ThermoQuest、Thermo BioAnalysis、Metrika Systems、ONIX Systems、Thermo Instrument Systems、Thermedics，还有之前公布的 Thermo Sentron、Thermedics Detection、Thermo Ecotek，下文中会有所介绍。

THE THERMO INSTRUMENT GROUP

由于 Thermo Instrument Systems 目前拥有90%以上 Thermo Optek 和 ThermoQuest 发行的普通股，这两家公司预计将分别通过"简化式"兼并并入 Thermo Instrument Systems，股价分别为每股15美元和17美元。

另外，Thermo Instrument 通过现金收购股权的方式对下列公司取得90%以上的股权：Thermo BioAnalysis（每股28美元），Metrika Systems（每股9美元），ONIX System（每股9美元）。如果成功的话，每家公司将会通过简化式兼并方式，以上述价格并入 Thermo Instrument。

在接受收购邀约之后，Thermo Instrument 将会被私有化，美国热电将进行股权交换，以美国热电的普通股交换 Thermo Instrument 小股东的普通股，这样美国热电将拥有 Thermo Instrument 至少 90% 的股权。如果计划成功，美国热电将通过简化式兼并方式并入 Thermo Instrument。在兼并过程中，Thermo Instrument 的小股东将把其股票交换为美国热电的普通股，交换比率与股权交换时相同。美国热电将会在使用现金收购 Thermo BioAnalysis、Metrika Systems、ONIX Systems 之后公布交换比率。

THE THERMEDICS GROUP

Thermedics 将会通过现金收购股权的方式，获得 Thermedics Detection 以及 Thermo Sentron 至少 90% 以上的股权，两者现金收购的股票价格分别为每股 8 美元与 15.5 美元。如果成功，这两家公司将会通过简化式兼并的方式，以现金收购股权时的价格并入 Thermedics。

经过上述过程后，Thermedics 将会被私有化。美国热电计划进行股权交换，以美国热电的普通股交换 Thermedics 小股东的股票，这样就使得美国热电拥有 Thermedics 至少 90% 的股权。如果成功，Thermedics 将会通过简化式兼并被并入美国热电。在兼并过程中，Thermedics 的小股东将把其股票交换为美国热电的普通股，交换比率与股权交换时相同。美国热电将会在现金收购 Thermedics Detection 以及 Thermo Sentron 之后公布交换比率。

THERMO ECOTEK

因为美国热电目前已经拥有 Thermo Ecotek 高于 90% 的普通股，所以准备通过简化式兼并的方式并入 Thermo Ecotek。Thermo Ecotek 的小股东可以用他们所持有的 Thermo Ecotek 股票以每股 0.431 份的比例获得美国热电的普通股。根据美国热电新的聚焦战略，Thermo Ecotek 不再是核心业务，美国热电正在评估对该公司的战略选择。同时，Thermo Ecotek 将会使用其自身资源为正在进行的能源项目的发展投入资金。

完成前述各项计划之后，Thermo Instrument、Thermedics、Thermo Ecoteck 的可转化公司债的未偿债务都由美国热电承担。而这些公司债可以被转化成美国热电的普通股。美国热电对于自身及其子公司的公司债的债务担保将会成为美国热电的债务。

时间安排

Thermo Instrument 和 Thermedics 预计将于 2000 年第二季度分别进行对它们子公司的要约收购。对 Thermo Optek、ThermoQuest、Thermo Ecotek 这几家公司的简化式兼并将于 2000 年第二季度底完成。美国热电预计在 2000 年第三季度对 Thermo Instrument 和 Thermedics 进行股权交换。

计划用一年的时间完成以下项目：将 Thermo Fibertek 及新的医疗产品公司分拆出来，并剥离一些资产。

关于公司重组计划，美国热电的董事会听取了以下几家公司的建议：麦肯锡（McKinsey & Company）、摩根大通（J.P. Morgan & Co.）以及毕根集团资本服务（The Beacon Group Capital Services）。

条件

前述所有的交易是以一些条件作为前提的，包括如下内容。

Thermo Fibertek 公司及新医疗产品公司的分拆计划需要：美国国税局对该计划征税方式做出有利的裁决；美国证券交易委员会批准相关申请；美国热电董事会的最终决定；符合其他惯例条件。另外，分拆出新医疗器械公司的条件在于，成功地完成对 Thermo Instrument 和 Thermedics 的并入。

对 Thermo Optek、ThermoQuest 以及 Thermo Ecotek 的并入需要得到证交会的批准。对 Thermo BioAnalysis、Metrika Systems、ONIX Systems、Thermo Sentron 和 Thermedics Detection 的现金收购要约，以及对 Thermo Instrument、Thermedics 的股权交换需要以下条件：对 Thermo Instrument、Thermedics 进行股权交换的交换比率的设立；获得足够数量少数股东的同意，使得美国热电在 Thermo Instrument、Thermedics 公司持有的股份分别都达到至少 90%。另外，根据纽交所的规定，按照设定的交换比率以及美国热电在股权交易时已流通的股票数量，在并入 Thermo Instrument 时，美国热电发行普通股需要获得美国热电股东的批准。

美国证券交易委员会表格的介绍

最常见的企业申报

以下简单介绍企业向证交会申报最常用的表格。其中很多目前是通过证交会的 EDGAR 系统申报的。

表格 ADV（Form ADV）

这个表格用来申请注册成为投资顾问或修改某个注册，包含两个部分。第一部分包括申请人的一般个人信息。第二部分包括申请人所要开展的业务的性质，包括基本业务、所提供的服务、收取的费用、客户类型、员工的教育与专业背景以及申请人的其他商业活动。

给股东的年报（Annual Report to Shareholders）

大部分上市公司都会通过年报向股东披露公司信息。年报通常是用来介绍公司状况的，包含的内容有来自首席执行官的公开信、财务数据、经营表现、市场信息、新产品计划、子公司经营情况、未来项目的研发情况。

表格 BD（Form BD）

该表格用来申请注册成为证券经纪人、交易商或是政府证券经纪人、交易商，并可用来修改注册。表格所含内容包括申请人的背景资料以及所从事业务的性质，另外还包括高管及普通合伙人的名单、过去任何证券操作违规行为的信息。

表格 D（Form D）

企业销售证券根据条例 D 及《1933 年证券法》第 4 款第 6 条免于按《1993 年证券法》进行登记的，必须提交表格 D 来申报证券出售的相关事宜。必须在首次出售证券后 15 日之内申报表格 D。

如果想要进一步了解条例 D 或第 4 款第 6 条的规定，可以向证交会的出版单位索要条例的复印件及手册，手册以"答疑：小企业与美国证券交易委员会"为名，或是访问证交会网页上的小型企业部分。

表格 1-A（Form 1-A）

如果企业发行证券的数量比较小（一般指在任何 12 个月的时期内最多 500 万美元的发行量），可以根据条例 A 豁免按《1993 年证券法》

进行登记，但必须根据表格 1-A 为投资者提供发行声明。

有关条例 A 的更多信息，可以向证交会的出版单位索要条例的复印件及题为"答疑：小企业与美国证券交易委员会"的手册，或是访问证交会网页上小型企业部分。

表格 MSD

银行或银行部门申请发行市政证券或修改申请时所需要申报的表格。

表格 N-SAR

这是已经注册的投资公司在相应会计期间结束的时候每半年或每年向证交会申报的表格。但是，单位信托基金须在每个日历年年底填写一次。这个表格所包含的信息有基金类型、12b-1 费用、股份销售、为投资公司提供服务的各类机构名称、投资组合周转率、相关财务信息。

招股说明书

招股说明书就是《1993 年证券法》登记声明的第一部分。说明书包含的信息有业务基本信息、发行人关于某个证券的财务信息。投资者可以利用说明书对所发行的证券进行评估，并做出睿智的投资决定。

说明书的初步表格通常被称为"非正式招股说明书"，要求在登记声明生效前完成或修改，登记声明生效之后，发布最终版本的说明书，开始销售。

委托代理权相关材料（根据条例 14A 与明细表 14A）

各州法律管理股东投票权。根据《1934 年证券交易法》第 12 款的规定，当需要由股东进行投票，且任何人要对所注册的证券征集代理时，通常都要按照明细表 14A 所需要的信息提供委托书。委托书的目的是要为证券持有者提供必要的信息，使其能够在证券持有人大会上，不论是传统的年会还是特殊会议，在知情的情况下投票。通常，证券持有者会拿到代理投票卡（proxy card），万一证券持有者不能在会上投票，可以授权某人代他行使投票权。最终的委托书和代理投票卡的复印件必须在发给证券持有人的同时向证交会申报。要了解更多有关于委托请求的规定，请参见《1934 年证券交易法》第 14 款（a）和条例 14A。

有关兼并、整合、收购及类似事件的初步股权委托申报，属于非公开性质的资料；所有其他的股权委托申报信息，则属于公开资料。

《1993 年证券法》登记声明

联邦证券法最主要的目的之一是规定公开发行证券的公司，必须披露重要的业务及财务信息，使得投资者可以做出有根据的投资决定。《1933 年证券法》要求发行人要向证交会提交登记声明，在向公众发行证券前，提供上述信息。（有关于"注册证券及签署登记声明"的相关信息，请参考《1993 年证券法》第 6 款；有关于"登记声明生效及其修改"，请参考 1933 年证券法第 8 款。）

登记声明分成两部分。第一部分是招股说明书，对象是感兴趣的投资者及其他人。它包含的信息可以协助投资者评估证券价值，并做出有根据的投资决定。

第二部分包含一些在招股说明书中不需要提供的信息，包括证券发行与分销的费用、公司董事与高级职员的名单、未注册证券近期的销售情况以及重要合同的承诺书和复印件。

（投资公司根据《1933 年证券法》申报的登记声明文件在很多情况下就是《1940 年投资公司法》中要求的登记声明。有关于登记声明的介绍，请参考以下信息。）

最常用的《1993 年证券法》要求的注册表格有：

- S-1：该表是最基本的注册表。如果没有其他被授权或规定填写的表格，就可以使用这个表格来注册，但外国政府或政治机构发行的证券除外。

- S-2：这是简化的选择性填写的注册表格。如果公司按照《1934 年证券交易法》已经申报至少 3 年，并在过去 12 个月以及申报登记声明前 1 个月内都及时申报各种所需要的文件，就可以采用表格 S-2。与表格 S-1 不同，这份表格允许合并给股东的年报（或是在表格 10-K 中的年报）以及定期上报的内容。合并的文件以及招股说明书要提交给各投资者。

- S-3：这是最简要的注册表格。只有按照《1934 年证券交易法》申报必要文件至少 12 个月并及时申报前述表格 S-2 的公司才能够使用表格 S-3。另外，证券发行人与承销者必须通过该表格所规定的资格测试。该表格最大化合并了根据《1934 年证券交易法》申报时提供的信息。

- S-4：该表格适用于兼并的企业以及股权交换的企业注册证券。

- S-8：如果按照某个计划，企业要将即将注册的证券出售给公司员工，就可以使用这个表格。

- S-11：该表格适用于某个房地产公司注册证券，包括房地产投资信托基金。

- SB-1：该表格适用于一些"小型企业发行者"，所发行的证券最多 1000 万美元，而且在过去的 12 个月之内发行的债券也不超过 1000 万美元。相对于 S-1，SB-1 所要求提供的发行人业务的信息量要少。总而言之，所谓"小型企业发行者"是指美国或加拿大企业，收入与公众持股小于 2500 万美元。

- SB-2：小型企业发行者可以通过发行股票换取现金，这时就可以使用表格 SB-2。相比较表格 S-1，该表格所要求的发行人业务的信息量要少。

- S-20：如果发行人承诺不发行、清算、担保或接受在表格 S-20 上注册的期权，除非有明确满足《1934 年证券交易法》规则 9b-1 的期权披露文件，该表格可以用来注册标准化的期权。

- Sch B：明细表 B 是外国政府部门（或外国政府的政治机构）注册证券时使用的。一般来讲，它包括国家及其政府的介绍，内容包括发行条件以及募集金额用途。

- F-1：某个被授权的外国私有企业发行证券时，如果没有其他具体的表格被授权可以使用时，可以采用该表格来注册。

- F-2：该表格是个可选择性的注册表格，适用于某个外国私有企业发行人，如果它在全球的股票流通市值至少为 7500 万美元，或是按照《1934 年证券交易法》申报至少 3 年。该表格比 F-1 短，因为它适用于发行者按照《1934 年证券交易法》申报资料的情况，尤其是表格 20-F 的资料。

- F-3：该表格只适用于某一类外国私有企业发行人，这些发行人按照《1934 年证券交易法》申报至少 12 个月，且在全球的公众持股超过 7500 万美元。该表格还适用于合格的外国私有企业发行者用来注册发行不可转换的投资级证券，持有证券的卖家准备出售的证券，或是发行给某个已存在的证券持有者的证券。该表允许参考按照《1934 年证券交易法》申报的材料。

- F-4：外国私有企业发行人在兼并或交换股权时注册债券，可以使用这个表格。

- F-6：外国发行人发行存托凭证，可以采用该表格。

- F-7：合格的来自加拿大的上市外国私人企业发行人想要为美国股东发行配股时，使用该表格。表格 F-7 相当于概括性的相关加拿大发行文件。要使用表格 F-7 注册，必须是以美国股东为对象，其条件不得低于配售给其他股东的股票。

- F-8：该表格适用于合格的加拿大大型上市外国私人企业发行人

在兼并或股权交换业务中发行股票的情况。表格 F-8 相当于概括性的加拿大上市相关资料或是披露文件。通过此表格注册的证券必须发行给美国的持有者，且条件不能低于其他持有者。

- F-9：该表格适用于合格的加拿大大型上市外国私有企业发行人注册可转换的投资级证券。表格 F-9 可作为概括性的加拿大发行相关文件。

- F-10：该表格适用于合格的加拿大大型上市外国私有企业发行人发行任何证券（除某类衍生品证券外）。表格 F-10 可作为概括性的加拿大发行相关文件。与表格 F-7、表格 F-8、表格 F-9、表格 F-80 不同，表格 F-10 要求加拿大发行人按照美国一般公认会计原则（GAAP）调整财务报告。

- F-80：合格的加拿大大型上市外国私人企业发行人在企业兼并或是股权交换时注册证券，可以使用该表格。表格 F-80 相当于加拿大上市或披露相关的文件。通过表格 F-80 注册的证券必须发行给美国的持有者，且条件不能低于其他持有者。

- SR：该表格适用于注册者第一次注册，是注册者按照关于证券销售及使用从中获得的收入的法案第一次申报时使用的表格。该表格要求在发行期内的特定时期提交，并在发行截止后提交最后的报告。

投资公司登记声明

投资公司按照《1933 年证券法》注册证券。但是，很多表格也根据《1940 年投资公司法》作为登记声明文件。

共同基金是最常见的注册的投资公司。这些公司采用表格 N-1A 来注册并持续发行证券。N-1A 是简化的含有 3 个部分的表格。A 部分是招股说明书，详细说明基金的基本性质，协助投资者在购买该基金方面做出有根据的决定。B 部分是额外信息说明，提供关于该基金的一些额外信息，某些投资者可能会很感兴趣，这些信息并不是招股说明书中所要求必须披露的。C 部分包含其他所要求的信息。

封闭式基金、单位投资信托基金、保险公司专户、业务发展公司以及其他注册的投资公司都可以通过以下表格来注册证券，并提供重要信息。除非另外说明，所有列出来的表格都是根据《1933 年证券法》以及《1940 年投资公司法》，用来注册的。

- N-1A：该表格用来注册开放式管理投资公司（共同基金）。
- N-2：该表格用来注册封闭式管理投资公司（封闭式基金）。
- N-3：该表格用来注册保险公司专户，专户按管理投资公司的形式来组织并发行可变年金保险合同。
- N-4：该表格用来注册保险公司专户，专户构成单位投资信托基金并发行可变年金保险合同。
- S-6：该表格用来注册单位投资信托基金发行的证券（只根据《1933 年证券法》）。
- N-14：该表格用来注册投资公司在业务合并或兼并时发行的证券（只根据《1993 年证券法》）。

其他证券法表格：表格 144

根据规则 144，如果发行人准备销售限制性证券或发行人的下属企业持有该证券，当销售数量在任何 3 个月期间超过 500 股或 500 个单位，或总销售金额超过 1 万美元，则必须通过表格 144 进行申报。

《1934 证券法》登记声明

任何公司所发行的证券在全国性证券交易所注册，或公司总资产超过 1000 万美元，股票证券持有人为 500 人或以上，就必须根据《1934 年证券法》注册该证券（如想了解更多信息，请参见《1934 年证券法》第 12 款）。

在注册时会建立一份有关该公司的公开档案，其中包含了很多重要的财务及业务信息供投资者或其他人所参考。而且公司有义务定期通过表格 10-Q 和表格 10-K 以及有关当前事件的表格 8-K 提供公开信息。

另外，如果根据《1934 年证券法》不需要注册，任何发行人只要公开发行证券，就必须当年进行申报。（如果该证券的持有者超过 300 人，那么在接下来的几年也要进行申报。）

使用最广泛的《1934 年证券法》注册表格如下：

- 10：根据《1934 年证券法》第 12 款（b）或（g），如果发行人的证券类别没有其他表格可以适用，就可以采用表格 10 来注册证券。表格 10 是一个总表，需要发行人提供某类业务或财务方面的信息。
- 10-SB：根据《1934 年证券法》第 12 款（b）或（g），小型企业投资者用来注册证券可以使用表格 10-SB。表格 10-SB 是个总表，要求发行人提供的公司信息比表格 10 要稍少一些。

- 8-A：这是个可选择性填写的简短的表格。根据《1934 年证券法》，公司可以用它来注册证券。

- 8-B：这是一个特殊的注册表格，某个发行人的证券并没有按照《1943 年证券法》进行注册，但证券的继承人在继承之日按照《1934 年证券法》对该证券进行了注册，此时使用表格 8-B 进行注册。

- 20-F：这是一个综合性表格，可以根据《1934 年证券法》第 12 款，作为合格的外国私有企业发行人的登记声明来注册证券，也可以根据《1934 年证券法》第 13 款（a），作为年报。

- 40-F：该表格是个综合性表格，可以作为合格的加拿大上市外国私人企业发行人的登记声明来注册证券，也可以作为发行人年报。该表格可被视为该公司的概括性的加拿大公开报告。

解释责任

公司财务部——首席律师办公室（表格 20-F 除外，国际公司金融办公室负责对其进行解释。）

其他交易法表格

表格 TA-1

该表格适用于申请注册过户代理人或是修改该申请，需要提供公司活动及运营等相关信息。

表格 X-17A-5

根据《交易法》第 15 款，每个注册的经纪交易商都要按照日历年或会计年度进行年报，且报告须经独立公共会计师审计。

表格 3，4，5

根据《1934 年证券法》第 2 款规定，拥有某类注册股票证券超过 10% 的任何董事、管理人员以及持有人，都必须向证交会申报所持有的该证券的情况。最初申报使用表格 3，有任何变动采用表格 4，表格 5 用于年度申报持有人的持股情况。表格所包含的信息有汇报人与该公司的关系，购买与出售该股票证券的情况。

表格 6-K

某些外国私有企业发行人采用该表格提供如下信息：（1）在所在国要求被公开的信息；（2）外国股票交易所要求其对所交易的证券公开的信息；（3）提供给证券持有人的信息。在该材料公开之后要立即完成表格 6-K。该表格并不视为按照第 18 款的法律责任进行的申报。它只是外国私有企业发行人在不同年报期间提供的信息，因为这类发行人不必申报表格 10-Q 或 8-K。

表格 8-K

该表格是所谓的"当前报告"（current report），用来申报过去没有申报过的任何重要事件或公司变化，而这些信息对于投资者或证券持有人来说都非常重要。相比较表格 10-Q 以及表格 10-K，表格 8-K 针对某个特殊事件提供了更多的当前信息。

表格 10-C

如果发行人的证券是通过纳斯达克证券交易报价系统进行报价的，当流通的股权变动超过 5% 以上或发行人名称改变时，就要使用该表格进行申报。该表格必须在发生上述变动 10 日内申报。

表格 10-K

大部分公司都使用该表格向证交会进行年度申报。该表格要求申报公司提供其业务的概况。该报告必须在公司会计年度结束之后 90 内申报。

表格 10-KSB

该表格是小型企业发行人申报年度报告使用的表格。该表格要求申报公司提供其业务的概况。尽管这份表格所要求提供的信息稍少于表格 10-K，但也需要在公司会计年度结束的 90 天内进行申报。

表格 10-Q

大部分公司都是使用表格 10-Q 进行季度申报的。它所包含的信息有未经审计的财务信息以及公司在当年的财务状况。公司会计年度的前三个季度都必须分别提交报告该报告，而且必须在季度结束的 45 天内提交。

表格 11-K

该表格是一种特殊的年度报告，包含的信息为员工购买股票、储蓄，或相似的计划，涉及按照《1933 年证券法》注册的证券。证券发行人在申报其他年报（如公司给股东的年报或表格 10-K）的同时，也要提供表格 11-K。

表格 12B-25

申报公司如果未能在到期日之前完成定期申报且没有过多的工作负担或费用，可以采用表格 12B-25 向证交会提交推迟申报通知。如果企业提交表格 12B-25，就可以免责，但是必须在 5 个日历日内提交表格 10-Q 或表格 10-QSB，或在 15 个日历日内提交表格 10-K、10-KSB、20-F、11-K，或 N-SAR。

表格 13F

机构投资经理人如果所管理的股票资产有 1 亿美元或更多，就要按季度提交表格 13F 来申报持股情况。机构投资经理人包括：某些银行、保险公司、投资顾问、投资公司、基金会以及养老基金。

表格 15

根据《1934 年证券法》第 12 款（g），企业使用表格 15 来通知证交会终止注册，或是按照《1934 年证券法》第 13 款以及第 15 款（d），暂时终止申报定期报告的责任。

表格 18

外国政府或政治机构在全国性证券交易所注册证券时使用该表格。

表格 18-K

外国政府或政治机构使用该表格作为年报。

明细表 13D

该表格提供某个已注册股票的证券受益所有人的信息。任何人或是某群人拥有某种已注册股票 5% 以上所有权都要通过明细表 13D 在获得股权之后 10 日内对持股情况以及其他必要的信息做申报。另外，如果该明细表的内容有任何重大变化，也必须通过明细表 13D 提出修改。

证交会把受益所有人定义为直接或间接分担投票权或投资权（出售证券的权利）的任何人。

明细表 13G

明细表 13G 是明细表 13D 的缩减版。13D 只适用于某些"人"（例如银行、经纪商、交易商或保险公司），而且这些证券必须通过正常业务获得，不得用来影响或改变发行人的控制权。

明细表 13E-3

企业可以使用该明细表从事"私有化"交易申报。任何公司或公司的下属企业，由于从事业务兼并，要约收购，或购买股票而导致该公司的按照《1934 年证券交易法》注册的某类股票持有人少于 300 人，或即将从证券交易所或交易商报价系统摘牌，必须申报明细表 13E-3。申报者必须披露关于交易的具体信息，包括申报人是否认为交易公平。

明细表 13E-4

某些申报公司回购自己的证券，要通过明细表 13E-4 进行申报（13E-4 也称为发行人回购要约声明）。另外，发行人回购自己的证券时，还必须遵守《1934 年证券交易法》规则 13E-4 这一对发行人额外的要求。

明细表 13E-4F

当加拿大的外国私有企业发行人对自己的股票提出回购要约时（假

定美国持股人不超过 40%），可以采用该明细表进行申报。该明细表可以作为概括性的加拿大披露文件。加拿大发行人必须遵守相关的加拿大回购要约规定。

信息声明（条例 14C/ 明细表 14C）

明细表 14C 是一种披露信息的报表。一般来说，一个公司按照《1934 年证券交易法》注册证券必须给每一个具有投票权的证券持有人（如果公司没有请求代理）发送信息说明（如果该公司请求代理，就需要提交条例 14C 与明细表 14A）。

明细表 14D-1

除了证券发行人（请参考明细表 13E-4）之外的任何人，如果对按照《1934 年证券交易法》注册某个股票提出回购要约，如果该要约被接受，且这个人持股比例超过 5%，就必须在要约的同时申报明细表 14D-1。该明细表必须向证交会提交，且交给某些其他方，如发行人与任何竞争投标人。另外，条例 14D 还有一些与回购要约相关的必须遵守的规定。

明细表 14D-1F

任何人想要对加拿大的外国私有企业发行人的证券提出回购要约，如果美国持有人的持股比例少于 40%，而且投标者提供给美国持有人的回购要约条件至少与给其他持有人的条件一样，就可以使用该明细表向证交会申报。明细表 14D-1F 可以被视为概括性的加拿大相关披露文件。另外，要约回购必须遵守加拿大相关规定。

明细表 14D-9

相关利益方，例如证券发行人、证券受益所有人及其代表人，按照条例 14D 向股东请求或是建议回购要约相关事宜时，要通过该明细表向证交会申报。

明细表 14D-9F

如果加拿大的外国私有企业发行人因为回购要约申报 14D-1F 明细表，该发行人或其董事或管理人员须使用该明细表进行申报。明细表 14D-9F 是用来回应要约收购的，可以作为概括性的加拿大相关披露文件。另外，申报者必须遵守加拿大相关规定。

1939 信托契约法案——表格

- T-1：根据《1939 信托契约法案》的规定，公司要成为受托人必须通过该表格陈述自己的合格条件。
- T-2：T-2 与 T-1 基本相同，但该表格只适用于个人，而不是公司受托人。

- T-3：按照《1939 信托契约法案》的规定，这份表格用来申请信托契约资格，但是仅当即将发行的证券不需要根据《1933 年证券法》进行注册时。

- T-4：该表格用来申请免除《1939 信托契约法案》中的某些条款。

- T-6：按照《1939 信托契约法案》的规定，外国企业采用该表格申请作为一个合格契约的唯一受托人。